中公新書 2753

浅野和生著

エルサレムの歴史と文化

3つの宗教の聖地をめぐる

中央公論新社刊

はじめに――「聖地エルサレム」はいかにして作られたか

世界には、歴史を物語る町がある。西洋の古代であればアテネやローマがその代表としてあげられるだろう。中世ならシエナやイスタンブール、またルネサンスであればフィレンツェ、近代ならパリやウィーンなどが、すぐに頭に思い浮かぶのではないだろうか。もちろん日本には奈良や京都がある。そういう町を訪れ、通りを歩き、遺跡や歴史的建造物の前に立つとき、歴史というものは本に書かれた年号や固有名詞や専門用語のことではなく、この目に見え、手で触れることもできる、しっかりとした実体であることを感じる。

エルサレムも歴史的な町である。同じ場所で人が住み続けている都市としては、もっとも古い町のひとつであるとも言われている。それでは、私たちはその町からどういう歴史を語ってもらえるだろうか。「ルネサンスが花開いた町フィレンツェ」や「芸術の都パリ」というようにキャッチフレーズをつけるなら、エルサレムは「三つの宗教の聖地」と言えるだろう。宗教都市というのは確かに、エルサレムの最大の特徴である。この町は、商業都市や港町ではなく、主に宗教的な都市として生きてきた。最初にユダヤ教が生まれ、そこへキリスト教とイスラム教も参入してエルサレムは聖典で語られる聖地となり、三つの宗教と密接に関連しながら発展してきた。人々はエルサレムにあこがれ、それぞれの宗教の巡礼の目的地となった。

エルサレムは、想像上の場所ではなく実際に存在し、人が住んでいる町である。三つの宗教にまつわる史跡は、城壁で囲まれた一キロメートル四方の町の中と周囲に、文字通り軒を接して、ときには上下に積み重なってひしめいている。三つの宗教をそれぞれ信仰する人々の思いは、互いに関連しながら、また同時に反目もし合いながら、この町を形成してきた。したがって、エルサレムの歴史はひとつの時代だけに結びつくのではないし、またひとつの民族の単線的な歴史としても語ることができない。その歴史は、からみあった糸をほどくように整理しながら読み解く必要がある。

エルサレムの史跡が物語る歴史の特徴は、もうひとつある。アテネのパルテノン神殿は紀元前五世紀に建てられ、またローマのコロッセウムは紀元後一世紀に建てられて、それぞれの時代に生まれた歴史の証人である。しかしエルサレムの場合はそうではない。たとえばイエスの墓とされているものは、実はイエスの時代に作られたのではなく、もっと後の人たちがイエスの墓として作ったものである。それが正真正銘のイエスの墓であると言うための物語も、後に作られたものである。そのため、史跡が過去の歴史に必ずしも直結するわけではないし、墓があるのだからイエスは実在したと、単純に考えることができない。

それでは、エルサレムの聖地にあるたくさんの史跡は、すべて人をだますために作られたフェイク史跡なのだろうか。筆者はそう思わない。レオナルド・ダ・ヴィンチの「最後の晩《ばん》餐《さん》」という壁画がある。「モナ・リザ」はモナ・リザという人自身を見ながら描いた肖像画であるが、「最後の晩餐」はそれとは違って、レオナルドがイエスの顔を実際に見て写生した作品ではない。彼が聖書を読み、イエスや弟子たちの様子を想像して描いた作品である。レオナルド・ダ・ヴィンチは、それまでに描かれた多くの「最後の晩餐」の作品を見て手本にし、また実際に生きている人間の様子を観察し、この物語の場にいあわせたらどういう動作をするかを想像して、聖書の物語をあたかも本物の場面であるかのように作り上げた。登場人物の服装はルネサンス時代の衣服ではなく古代ローマ時代のものであり、時代考証がされている。まるで本当に部屋の空間があって人間がいるように見せるため、遠近法などの写実的な絵画のテクニックも駆使されている。その作品を「最後の晩餐の場面をでっち上げたフェイク絵画」と思う人はいない。画家レオナルド・ダ・ヴィンチの創造性と技術力をそこに見るのが美術の鑑賞であり、キリスト教の信者にとってもそうでない人にとっても、この作品の芸術的価値は変わらない。

エルサレムの聖跡も、そうした美術作品と基本的には同じである。本に書かれた物語の起きた場所をいかにうまく表すかという観点で作られた、大きな体験型の立体作品と言うこともできよう。そういう作品が、実際の町エルサレムを大きな美術館のようにして、町のいたるところに配置されている。それを見たり手を触れたりして歩くのが、聖地巡礼である。

絵画を見るときの現実感を高めるために立体的に見せる技法が使われるように、聖跡という作品をより本物らしく感じさせるテクニックもある。たとえば、エルサレムなどにある聖跡の多くは、地下の洞窟《どうくつ》である。もとより洞窟は暗く神秘的な感じのする場所である。またそれと同時に、木造や石造の建物は何度でも作り直されるが、岩盤の岩穴は不動のものであり、ずっと昔から変わらずに伝わっているはずだという実感が強くなるのであろう。もちろん、エルサレムでは地面の下に土砂の層が少なく、すぐ岩盤になっているという地質的な特徴があってこそ、これが可能になっている。

本書の中で筆者は、誰それの墓は偽物だとか、実際には何世紀に作られたものだとか言って、内幕を暴露するようなことをしたいわけではない。それを作り上げてきた人たちに敬意を払いつつ、美術作品を説明するときと同じように、「これは、どのような物語を元にして、いつ頃どういう人々によって作られ、物語をうまく表現するためにどのような工夫がされているか」ということをひとつひとつ解きほぐし、具体的に説明したいと思っている。そのような興味を持ってこの町をめぐりながらひとつひとつの史跡を観察すれば、エルサレムは特定の宗教の信仰にとらわれない、おもしろい歴史をふんだんに語ってくれる。その物語に耳を傾けるのが、本書の目的である。

はじめに述べておきたいが、本書には人名や地名の固有名詞が数多く出てくる。現地での名称を使うのが良い原則であるとは思うが、たとえば「イェルシャライム」ではなく「エルサレム」のように、日本人にとってなじみのある呼び方が定着している場合はそれに従っている。聖書の登場人物の名は新共同訳聖書に従ったものが多いがすべてではない。

目次

聖母マリアの墓
オリーブ山
キドロンの谷
ゲツセマネ
万国民の教会
昇天礼拝堂
マグダラのマリア教会
主の泣かれた教会
主の祈りの教会
アブサロムの墓
0
100m
N
W
E
S

聖ステファヌス教会
園の墓
ヘロデ門
ダマスカス門
ベテスダの池
鞭打ちの教会
聖アンナ教会
有罪宣告の教会
獅子門
オーストリア・ホスピス
アントニア要塞跡
エッケ・ホモ教会
新門
神殿の丘
黄金門
聖墳墓教会
アレクサンドル・
ネフスキー教会
岩のドーム
鎖のドーム
ウマル・モスク
贖い主の教会
綿商人
の市場
ヨハネ教会
ソロモンの
厩舎
ヤッフォ門
嘆きの壁
ダビデの塔
フルバ・
シナゴーグ
アル・アクサ・
モスク
ヒンノムの谷
カルドの
発掘場所
糞門
聖ヤコブ大聖堂
ダビデの町
遺跡入口
シオン門
聖母の眠り教会
ダビデの墓
最後の晩餐の部屋
シオンの丘
鶏鳴教会
シロアムの池

エルサレム地図

エルサレムの歴史と文化

第一章　エルサレムの歴史――旧約聖書から二一世紀まで

エルサレムに残っている聖跡が本書のテーマである。しかし最初に、史跡や文化財が残っていない時代にもさかのぼり、また現代に近い時代にまで下って、エルサレムの歴史を簡単に紹介しておきたい。

エルサレムや、そこを都にしたユダヤ民族の歴史は、どういう文献を読めば書かれているだろうか。この分野の文献のうち、これまでもっとも広く読まれてきたのは聖書である。聖書には宗教の教えが書かれていると思われがちだが、大半は歴史についての記述である。もちろん歴史と言っても、近代的な意味での客観的な歴史ではない。古代のユダヤ民族が、歴史的・地理的な認識を踏まえて、彼らの世界観を書き記したということである。

聖書には、旧約聖書と新約聖書がある。ユダヤ民族はユダヤ教を信じ、自分たちの歴史観や宗教観をまとめた。それが旧約聖書である。後にそこから一派が分かれた。彼らは旧約聖書も受け継いで信じる一方、自分たちで独自に作った教えも本に書いた。その一派がキリスト教であり、彼らがまとめたのが新約聖書である。だから、そもそも「旧約聖書と新約聖書がある」という考え方自体が、キリスト教の立場に立った考えである。ユダヤ教徒にとっては元からある旧約の部分が唯一の聖典であって、後発の新約聖書は聖典ではない。しかし本書では日本で普及している呼び方として、「旧約聖書」「新約聖書」という言葉を使うことにする。

天地創造

よく知られているように旧約聖書は、神が世界を作った「天地創造」の物語から始まる。これが書かれているのは旧約聖書の中の「創世記《そうせいき》」である。神は混沌《こんとん》から光と闇《やみ》を分け、海と陸を分け、植物や天体や動物を作った。神は最初の人間としてアダムを作り、次いでアダムの肋《ろっ》骨《こつ》を取ってエバ（イヴ）を作った。神は仕事を終えて、七日目に休息した。これが、一週間に一日を安息日（休日）とする習慣の始まりである。

アダムとエバはエデンにある園《その》で暮らしていたが、神は園の中央にある「善悪の知識の木」の実は食べてはならないと言いつけた。ところが、ふたりは蛇にそそのかされて禁断の木の実を食べた。すると自分たちが裸でいるのを恥ずかしいと感じるようになり、いちじくの葉で身体を隠した。神はふたりが言いつけを破ったことを知り、園からふたりを追い出して、門に炎の剣を持ったケルビム（天使の位階のひとつ。智天使）を置いた。「楽園追放」または「失楽園」と呼ばれるエピソードである。

エデンの園がどこにあったかは明記されていないが、そこからは、ピション、ギホン、チグリス、ユーフラテス川が流れていたと書かれている。ピションとギホンは現在のどの川にあたるのかわからないものの、エデンの園はチグリス川とユーフラテス川の流域と想定されていたように思われる。現在の国名では、イラク、シリア、トルコ東部あたりになる。天地創造がいつだったかということになると、これはまったく架空の話なので、年代を問うことには意味がない。しかしビザンティン帝国では、天地創造の年を西暦で紀元前五五〇九／八年（一年の始まりが九月なので一月始まりの暦とずれる）とする計算がされ、「世界創造紀元」として使われた。またユダヤ教では、同じく天地創造を紀元前三七六〇／一年とする「世界紀元」（ラテン語でアノ・ムンディ、AMと略す）が現在でも使われている。

楽園追放。モンレアーレ大聖堂の壁画（1180年頃）。左が楽園の城壁と、その門の前で剣を持つケルビム

　アダムの子孫は地上に増えたが、人間たちは堕落した生活を送るようになった。それを見て怒った神は、人間を滅ぼそうとして洪水を起こした。しかし唯一正しい人間であったノアに、大きな船を作って家族と動物の雌雄一組ずつを乗せるよう命じて、彼らを救った。これが「ノアの方舟《はこぶね》」の

エピソードである。洪水が引いた後、ノアは祭壇を作って神に犠牲を捧《ささ》げ、神はもう人間を滅ぼすまいと考えて、神と人の契約のしるしに空に虹《にじ》をかけた。ノアの方舟はアララト山に漂着したと書かれている。アララト山はトルコ東部にある、海抜五〇〇〇メートル級の独立峰で、そこを探検してノアの方舟の残骸《ざんがい》を見つけようとする試みが昔から絶えない。

また人間は、焼いた煉瓦《れんが》とアスファルトを使って高い塔を建てたが、人間が神に挑戦するような企てをすることを危ぶみ、神は彼らを全地に散らして言語をばらばらにした。これが「バベルの塔」の物語で、これを古代バビロン文明の先進的な建築技術と結びつける考えもある。この時代までに、神には「焼きつくす捧げ物（燔祭《はんさい》）」という、犠牲の動物を祭壇の上ですべて焼く形や、「宥《なだ》めの捧げ物」という、焼いた動物を神と人が分け合って食べる形などの礼拝がおこなわれるようになった。犠牲獣を焼いて神に捧げるという祭儀の仕方は、古代ギリシアなどでも広くおこなわれていた。

アブラハム

その子孫の代になると、ユダヤの族長であったアブラハムは、神からカナンの地を与えると約束された。アブラハムがもともと住んでいた場所は、「カルデアのウル」と聖書に書かれている。メソポタミア地方の下流のウルであるという説と、もっと上流であるという説がある。アブラハムは、妻のサライ、甥《おい》のロトら一族全員を引き連れてカナンに移り住んだ。神に与え

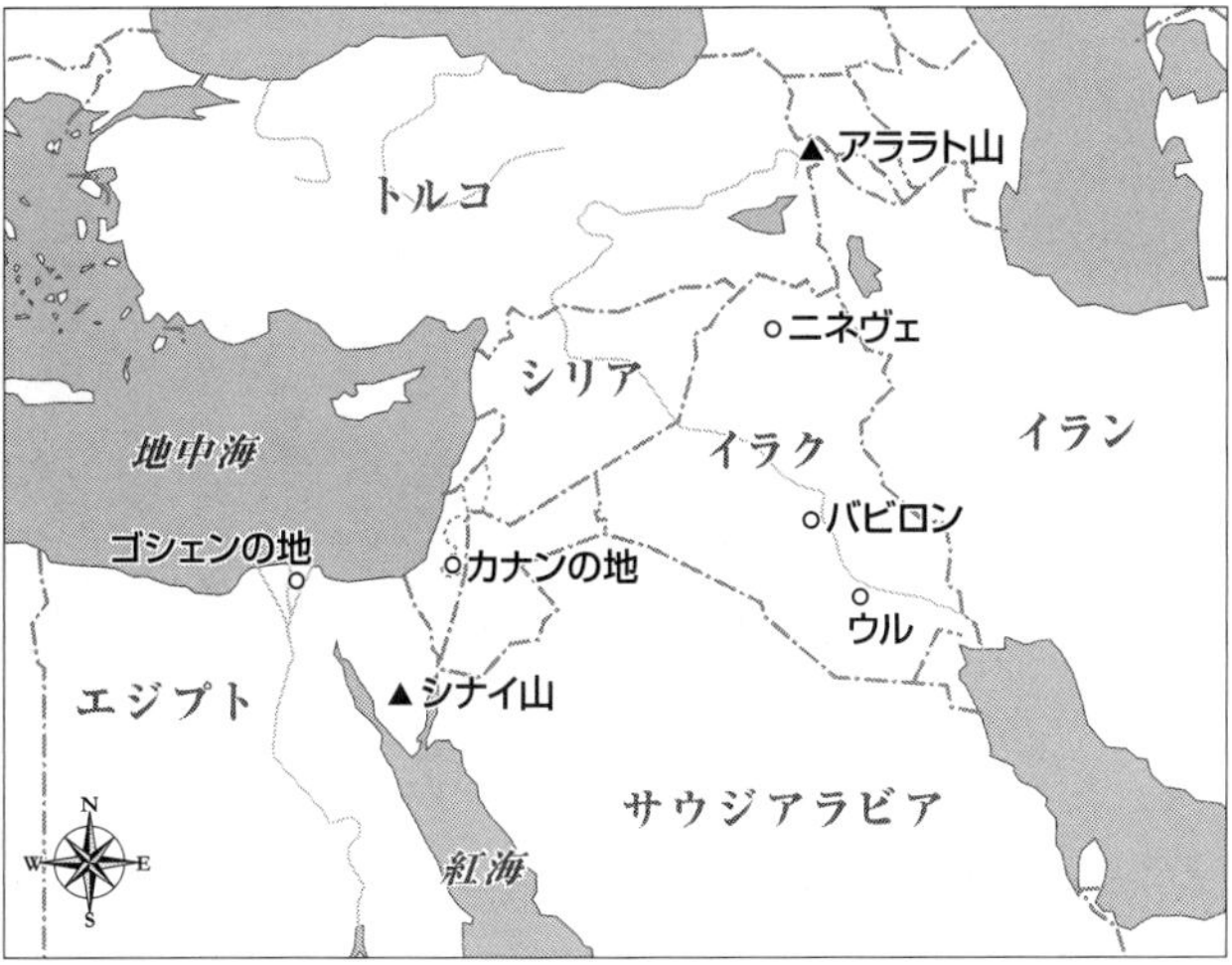

広域地図

られた地カナンは、地中海とヨルダン川の間で、現在のイスラエルの場所にあたる。ここで初めて、ユダヤ民族とカナンの地の関係が生じた。ただしアブラハムがエルサレムに住んだという記述はない。

アブラハムとサライは子どもが生まれないまま年老いた。サライは自分の女奴隷ハガルをアブラハムの側室にするようすすめ、男子イシュマエルが生まれた。しかしその後、神の恩寵《おんちょう》によってアブラハムとサライの間にも男子イサクが生まれた。すると、サライはハガルとイシュマエルを追放するようアブラハムに求め、アブラハムは母子を荒れ野に追いやった。ふたりは瀕死《ひんし》のところを天使によって救われた。正妻との子イサクがユダヤ人の祖先になり、側室の子イシュマエルがアラブ人の祖先になったと、ユダヤ教やイスラム

カミーユ・コロー「荒野のハガル」（1835年、ニューヨーク、メトロポリタン美術館）（部分）。ハガルとイシュマエルが荒野で死にそうになっていたところへ空から天使が現れる

教では信じられている。アブラハムらはただひとりの神を信じ、神との関係を強固にしていった。その信仰がユダヤ教、キリスト教、イスラム教に引き継がれていったため、アブラハムはそれら三つの宗教で尊ばれている。また、神の恩寵によって高齢の女性が子を生むという話は、その後のキリスト教の説話でも繰り返される。

モーセと出エジプト

イサクの子ヤコブは、神からイスラエルの名を与えられた。それが現在のイスラエルという国名の起源である。ヤコブの一二人の息子は、イスラエルの一二の支族の祖先となった。一二支族のひとつでユダを祖先とする人々が、後にユダ王国を作ってエルサレム周辺に住んだ。そこから「ユダヤ人」「ユダヤ教」という呼び名が生まれた。また、この民族を「ヘブライ人（あるいはヘブル人）」と呼ぶこともある。彼らの言語はヘブライ語である。

ヤコブの末子であったヨセフは、異母兄たちを見下す言動を繰り返したために憎まれ、兄たちの奸計《かんけい》によってエジプトに売られた。しかしそこで夢占いの能力を発揮してファラオ（王）から厚遇を受けるようになり、エジプトの政策立案に関与し、ついにはファラオに次ぐ地位に就いた。ヤコブや兄たちが住むカナンが飢饉《ききん》になったため、ヤコブも他のユダヤ人たちもヨセフにすがって、エジプトのゴシェンの地に移り住んだ。ヨセフがエジプトで没するまでが「創世記」の内容である。

旧約聖書でこれに続く部分は「出《しゅつ》エジプト記」となる。ファラオの代が変わってヤコブの功績が忘れられ、ユダヤ人たちはエジプトで迫害を受けるようになった。モーセと兄アロンは、ユダヤ人たちをまとめる指導者となった。ユダヤ人の神は、エジプト人に対して疫病などの災厄をもたらした。神はユダヤ人に対し、羊を殺してその血を家の入口の柱と鴨居《かもい》に塗り、焼いた羊の肉と酵母を入れないパンを食べるように命じた。その夜に神はすべてのエジプト人と家畜の初子《ういご》（最初に生まれた子）を殺したが、ユダヤ人の家は塗られた羊の血を目印にして過ぎ越した。これを記念するのが過越《すぎこし》の祭で、イエスの時代にも続き、現代でも続いている。酵母を入れないパンにちなんで除酵祭《じょこうさい》とも呼ばれる。このとき、「壮年男子だけで六〇万人」のユダヤ人たちがエジプトを脱出した。ファラオの軍隊が追跡した。モーセは民を率いて、紅海《こうかい》をふたつに分けてそこを渡り、渡り終えると海を元に戻したので、ファラオの軍隊は海におぼれて死んでしまった。この物語はドラマチックでもあり、具体的な地名が書かれていて有名だが、エジプトの史料の中にヨセフやモーセのことは記されておらず、この話の元になる歴史的事実があったとは考えられていない。

シナイ山でモーセは民を待たせて山に登り、神と対面して、「自分だけを神として信仰せよ、偶像を作るな、みだりに神の名を唱えるな、安息日を守れ、父母を敬え、殺すな、姦淫《かんいん》するな、盗むな、隣人について偽証するな、隣人の財物をむさぼるな」という十の戒律が神の自筆で書かれた石板をさずかった。この石板を入れた「契約の櫃《ひつ》」（または「契約の箱」）は、その後ユダヤ人によって神殿に安置された。契約の櫃はアカシアの木材で作られ、金の飾りがついていた。モーセとアロンは四〇年かかってユダヤ人をカナンの地に連れ帰ったが、モーセはカナンには入れず、死海《しかい》に近いモアブの地で亡くなってそこに埋葬された。旧約聖書の「出エジプト記」とそれに続く「レビ記」「民数記《みんすうき》」「申命記《しんめいき》」には、このいきさつとともに、神を信じる民が守るべき律法がくわしく述べられる。ここまではモーセが書いたと昔は信じられていたため、「モーセ五書」と呼ばれる。

このようにモーセ五書の内容はあたかもくわしい歴史書のようであるが、それぞれのできごとが起きてすぐに書き残されたわけではない。何百年もの長い間、口承で語り継がれていた。それを文字にして書き記したのは、もっと後のバビロン捕囚《ほしゅう》（紀元前六世紀）以後と考えられている。

さて旧約聖書に戻り、その後の「ヨシュア記」「士師記《しし》」「サムエル記」は、ユダヤ民族がエルサレムに定住するまでの歴史を述べている。人々はモーセの従者ヌンの子ヨシュアをリーダーとし、彼はヨルダン川を西に渡ってエリコを陥落させた。続く「士師記」の士師とは、戦国武将のようなものである。ユダヤ民族は、カナン地方に定住していた民族と戦いを繰り広げたり同化したりしながら、その地に住み着くようになった。北部はイスラエル（地方）、エルサレムを含む南部はユダ（地方）と呼ばれた。ユダヤ人にとっての最大の敵はペリシテ人だった。「パレスチナ」という呼称は「ペリシテ人の住む地域」という意味である。ただし、古代のペリシテ人と現代のパレスチナ人の間には、宗教的な連続性はない。

ダビデとソロモン

「サムエル記」に登場するサムエルは、ユダヤの大祭司であり士師でもあった。ここにはダビデの物語が書かれている。ダビデは国王になって南北のユダヤ人の王国を統一し、エルサレムを都にした。それについては現在も残っている史跡と結びつけられるので、後でもっとくわしく見ていきたい。

ダビデの子で後継の王になったソロモンのことは、続く「列王記《れつおうき》」に書かれている。ソロモンは、エルサレムに大規模な神殿を建設した。ダビデとソロモンの時代は、古代イスラエルにおける唯一の黄金時代であった。旧約聖書にはふたつの詩集が収められている。「詩編《しへん》」は神への賛美歌集で、一方「雅歌《がか》」は男女の恋の歌集である。伝統的に「詩編」はダビデの作、また「雅歌」はソロモンの作と信じられてきたが、実際はそうではないらしい。

黄金時代は短かった。ソロモンが死去した後、王国は北のイスラエル王国と、エルサレムを含む南のユダ王国に分裂して弱体化した。北のイスラエル王国は紀元前七二一年に、現在のイラク北部にあった大国アッシリアによって滅ぼされた。南のユダ王国は、そのときにはアッシリアに服従する形で独立を保った。「列王記」では、王権が短い期間に次々に移り変わったことが語られる。この次に置かれる「歴代誌《れきだいし》」は、アダムにさかのぼって古代のユダヤ史を少し違った観点からとらえた史料である。

バビロン捕囚

「列王記」も「歴代誌」も、バビロン捕囚についての記述で終わる。ユダ王国が新バビロニア王国に対する貢納をやめたことから、前五九七年、バビロニアのネブカドネザル二世がユダ王国に侵攻し、若い国王ヨヤキンを含めた大勢のユダヤ人をバビロンに強制移住させた。これがバビロン捕囚である。バビロニアは、現在のイラク南部からシリア・パレスチナ地方にかけての地を統治した大国である。その北にあるアッシリアからは攻められる立場にあったが、紀元前七世紀には形成が逆転してアッシリアの首都ニネヴェ（現イラクのモスル）を攻め、アッシリアは滅亡した。ネブカドネザル二世の時代には首都バビロンは整備され、最盛期を迎えていた。バビロンは、バグダッド（現イラク）の南約一〇〇キロのところにあるユーフラテス川沿いの都市で、この頃人口は二〇万人に達したと推定される。ニネヴェもバビロンも、その最盛期には世界最大の都市だった。エルサレムの人口も四万人ほどで、世界で一〇位くらいには入ったらしい。当時の文明の中心は、エジプトから西アジアにかけてであった。

バビロン捕囚後エルサレムなどに残ったユダヤ人たちは、まだバビロニアを甘く見ていたかもしれない。前五八八年頃、彼らはバビロニアに対して反乱を起こした。ネブカドネザルは再びエルサレムを攻めて陥落させたばかりか、神殿も市街も破壊した。ユダヤ人上層部は、処刑されたり、バビロンに送られたりした。紀元前一〇〇〇年頃から続いたダビデの末裔《まつえい》による王朝は、ここで途絶えた。

バビロン捕囚は、ユダヤ人の信仰に大きな影響を与えた。ユダヤ人たちは不幸な運命の中で、神を信じることによってその神から救われるという信仰を、一層強固なものにしていった。また、かつてのダビデのようにユダヤ人の王国を立て直して自分たちを救ってくれる人物が必ずや出て来ると信じた。ダビデ王の再来、それが「救世主」である。ヘブライ語で救世主はメシアと呼ばれる。「油を注がれた」という意味である。またギリシア語では救世主はクリストスで、それが日本語として定着した呼び名がキリストである。つまりキリストとは、古代のユダヤ民族の間で生まれた救世主という概念が、ギリシア文化の影響を受けたものと言える。ユダヤ教の中で「この人が救世主である」ということは何度も言われたが、紀元後一世紀のナザレ出身のイエスという人が救世主（＝キリスト）であると考える宗教が、キリスト教である。「イエス・キリスト」は「名・姓」と思われていることもよくあるが、「救世主イエス」という意味である。

このようにもともと救世主とは、他国に支配されない独立国家を樹立するリーダーであって、宗教という言葉から連想されるような、精神的な救いや癒《いや》しを与える人ではなかった。ヘンデルのオラトリオ「メサイア（メシアの英語式の発音）」の歌詞は旧新約聖書から取られているが、有名なハレルヤ・コーラスの中で「ハレルヤ（ほめたたえよ）、王の中の王、主の中の主、彼がずっと統治される」と歌われるのは、救世主が政治指導者であるからだ。キリスト教徒にとってはイエスが救世主であるのに対し、ユダヤ教では救世主はまだ現れていないと考えている。

ヘレニズム時代

歴史はさらに変転する。バビロニアは、前五三八年にアケメネス朝ペルシアに滅ぼされた。ペルシアはペルシア湾の北を中心とする国であるが、この時代には現在のエジプトやトルコを支配し、ギリシアにも侵攻した。ペルシアの宗教はゾロアスター教だが他宗教にも寛容で、ペルシアの王キュロス二世はユダヤ人を解放した。多くのユダヤ人がバビロンから故郷に戻り、ペルシアの援助を受けてエルサレム神殿が再建された。キュロス二世が救世主であると考えるユダヤ人たちもいた。

紀元前四世紀には、マケドニア（ギリシア北部）出身のアレクサンドロス大王が、そのペルシアを圧倒した。彼はまたたく間に東地中海から西アジアにわたる広い地域を征服した。アレクサンドロス大王の支配下で、古代ギリシアから生まれた科学、美術、演劇、スポーツなどの文化が、ギリシア語とともに東地中海全体に広まった。この時代をヘレニズム（ギリシア風）時代という。ユダヤ民族もその影響を受け、紀元前三世紀にはエジプトのアレクサンドリアで、旧約聖書がヘブライ語とアラム語（シリア、アッシリア、バビロニアなどの共通語）からギリシア語に翻訳された。七〇人（または七二人）で翻訳したと言われ、「七十人訳」と呼ばれる。

アレクサンドロス大王は紀元前三二三年、遠征中にバビロンで急逝した。その後は後継者争い（ディアドコイ戦争）が起こり、大王の武将だったセレウコス一世を始祖とするセレウコス朝シリアが西アジアの領土の大半を継承し、エルサレムを含めパレスチナ地方も治めた。アレクサンドロス大王やヘレニズム文化は、西洋では良いイメージでとらえられるが、ユダヤ人にとっては新たな災厄だった。セレウコス朝のアンティオコス四世は、エルサレムの神殿でもギリシアの神々への礼拝を強制した。ユダヤ人はこれに反発して、祭司であったマカバイ家をリーダーとして反乱を起こし、前一四二年に独立を回復した。このときのユダヤの王朝は、マカバイ家の祖先の名を取ってハスモン朝と呼ばれる。

ヘロデ

共和制時代のローマは急速に領土を拡大して地中海の覇者となり、前六三年にポンペイウスがセレウコス朝シリアを滅ぼした。ハスモン朝のユダヤはローマに従属する立場になったが、一定の自治を認められた。ローマでは権力闘争があった。有力者ユリウス・カエサルは殺され、その後継者間でも争いがあり、アントニウスとその同盟者だったエジプト女王クレオパトラを、オクタヴィアヌスが滅ぼした。オクタヴィアヌスは権力を一手に握り、紀元前二七年に元老院から「アウグストゥス」（尊敬される者）の称号を贈られた。この称号は後継者にも引き継がれ、「皇帝」と訳される。同じ時期のユダヤでも、ローマとの関係を保ちながら権力闘争があった。ハスモン朝の武将の家柄だったヘロデが、複雑なその闘争を勝ち抜き、ローマからユダヤ王の地位を認められた。ヘロデは毀誉褒貶《きよほうへん》相半ばする王である。彼はエルサレムの神殿を大々的に建て直した。一方、権力を掌握する中で自分の妻や息子をはじめ多くの人を殺した残忍な王としても知られている。

　ヘロデの死後、いずれもヘロデの名を継いだ息子たち、（ヘロデ・）アルケラオス、（ヘロデ・）アンティパス、（ヘロデ・）フィリポスが国を分割統治したが、彼らは王という称号は認められなかった。また、エルサレムを含め南部を統治したアルケラオスは、無能力として紀元六年にローマ帝国から解任された。この時代はイエスが生きたとされる時代である。ただしイエスについての記録は、新約聖書以外には残っていない。なお、元来はイエスの生まれ年を紀元元年として、六世紀に定められた暦法がキリスト紀元（西暦）であるが、イエスを殺そうとしたと聖書に書かれているヘロデが紀元前四年に没していることがその後わかったので、イエスの生年は紀元前四年頃と修正された。

ローマ帝国とユダヤ戦争

ヘロデの孫（ヘロデ・）アグリッパ一世とその子アグリッパ二世は短期間ユダヤ王の地位を認められたが、その後ユダヤの地はローマ帝国に直接支配された。ユダヤ人の不満は高まり、六六年にエルサレムを皮切りに全土で暴動が起きた。そのときのローマ帝国の皇帝はネロで、将軍ウェスパシアヌスを司令官として鎮圧に向かわせた。六八年にはネロが没し、ウェスパシアヌスが皇帝となった。ウェスパシアヌスの息子ティトゥスが司令官になって七〇年にエルサレムを陥落させ、神殿も破壊した。ユダヤ人の抵抗はなおも続き、最後は死海の南部にあるマサダの要塞《ようさい》に立てこもるが、ローマ軍は三年間をかけて要塞のまわりの断崖《だんがい》を埋めた。ローマ軍が突入する直前にユダヤ人たちは集団自決してこの戦いは終わった。

エルサレムは荒廃したままローマ軍の駐屯地になっていたが、ローマ皇帝ハドリアヌスは一三〇年頃にエルサレムを訪れ、この町の再建に乗り出した。ハドリアヌスは、エルサレムをアエリア・カピトリナと改名した。アエリアはハドリアヌスの氏族名、カピトリナはローマのカピトリーノの丘（現カンピドリオの丘）のことで、ユピテル神の添え名であった。生き残っていたユダヤ人はエルサレムが異教の地に変えられることを知って、また怒って反乱を起こした。シメオンという人がユダヤ教のラビ（宗教指導者）から救世主と認定され、バル・コクバ（星の子という意味）という名でリーダーとなった。この反乱は三年間続き、一時期はエルサレムを中心にユダヤの地を掌握していたが、結局一三五年にエルサレムは再びローマ軍に占領され、バル・コクバも戦死した。この後、ハドリアヌスはユダヤ文化を根絶しようとする。ユダヤ属州という名前も廃止してシリア・パレスチナ属州と変えた。エルサレムは予定通りアエリア・カピトリナとなった（ただしわかりにくいので、本書ではエルサレムで通す）。ユダヤ人は、その市域への立ち入りを禁止された。二度の大きな反乱により、多くのユダヤ人がヨーロッパ、西アジア、アフリカの各地へ散らばった。ディアスポラ（民族離散）の始まりである。国の独立を願って戦ったにもかかわらず敗北して離散させられたがゆえに、ユダヤ人がエルサレムを神聖な故郷と思う強い気持ちはずっと続いた。

新約聖書とフラウィウス・ヨセフス

ヘレニズム時代からローマ時代のユダヤ民族の歴史については、旧約聖書には「マカバイ記」などに記述があるものの、全部がつながるようにカバーされているわけではない。しかしこの時代になると、他にも多くの歴史書がある。

あつかう時代は短いが、新約聖書も歴史書という性格を持っている。新約聖書には、イエスの生涯の物語やイエスの教えを書いた「福音書《ふくいんしょ》」、イエスが昇天した後の弟子たちの記録である「使徒言行録《しとげんこうろく》」、パウロらから各地の信者に宛てて書かれた手紙、そしてヨハネが最後の審判について書いた「黙示録」が収められている。福音書は、マタイ、マルコ、ルカ、ヨハネの四人の福音書記者（福音史家）が書いた四つである。これを「四福音書」と呼ぶ。福音書記者はそれぞれイエスの弟子とされ、「目撃談をまとめた」という形で叙述されるが、学問的にはそれが事実とは考えられていない。イエスが生きていた時代は紀元三〇年代の前半までとされるが、福音書はもっと遅く、一世紀の終わりから二世紀のはじめに書かれたと推定されている。

もうひとり、ユダヤ人の歴史家として注目されるのが、フラウィウス・ヨセフスである。ヨセフスは三七年にエルサレムで生まれて政治家・軍人になり、ユダヤの使節としてネロ帝時代のローマ（市）へ行ったこともあった。ユダヤ人が蜂起《ほうき》して戦ったとき、彼の守っていた町がローマ軍に包囲された。将兵は全員自決することになり、くじを引いて殺し合った。生き残っていたヨセフスは、最後のふたりになったところで、もうひとりを説得してローマ軍に投降した。彼はローマの将軍ウェスパシアヌスが皇帝になると予言して命を助けられた。七〇年のローマによるエルサレム攻撃には、将軍ティトゥスの参謀のような形でローマ側に立って参戦し、ユダヤ人への降伏の呼びかけもした。ユダヤ側から見れば国を売った裏切り者だが、彼はその後ローマ帝国に住んで、ローマ市民権とティトゥスの氏族名であるフラウィウスという名前をもらい、ギリシア語で旺盛《おうせい》な執筆活動をおこなった。彼の「ユダヤ戦記」はローマ帝国とユダヤの戦争の歴史を書いた文献で、「ユダヤ古代誌」は天地創造から自分の時代までを書いたユダヤ民族の一大歴史書である。「ユダヤ古代誌」の最初の方は主に旧約聖書にもとづいているが、ヘレニズム時代やローマ時代の記述はそれ以外の史料を使っている。ヨセフスの著作は、四〜五世紀にラテン語に翻訳され、中世のキリスト教の神学者たちも聖書の記述をヨセフスの著作と照らし合わせて研究した。ちなみに「ユダヤ古代誌」には、イエスという人が救世主であったという記述があるが、それは後代のキリスト教徒が紛れ込ませたと考えられている。

キリスト教と巡礼運動

ローマ帝国の中で、ユダヤ教から分かれる形でキリスト教が生まれた。よく知られているように、キリスト教は四世紀はじめまでローマ帝国で迫害を受けた。これは母体のユダヤ人がローマ帝国に対して頑強に敵対したことと無関係ではないだろう。またキリスト教がユダヤ教の教えを引き継いで唯一の神を信じ、多神教でいろいろな神々を拝むローマ帝国の祭儀に参加することを拒否したためでもある。聖人伝では、祭儀に参加せよという上官命令を拒否した軍人や、父親の言いつけを聞かなかった娘が処刑されて、その後殉教者と呼ばれ聖人になることがよくある。ただしキリスト教は、常に激しく迫害されていたわけではなく、皇帝によって方針が違った。

キリスト教は次第にローマ人の間に広まり、三一三年にはコンスタンティヌス帝がミラノ勅令を発布してすべての宗教の信仰の自由を認め、キリスト教も公認された。そこで重要な役割を果たしたのが、コンスタンティヌスの母ヘレナである。彼女がどういう出身の人だったかは明らかではない。ローマ帝国が正副四人の皇帝により分割統治されていた時代に、西の副帝コンスタンティウス一世クロールスの妻あるいは側室だった人物で、コンスタンティヌスを生んだ。しかし、コンスタンティウス一世は西の正帝マクシミアヌスとの関係を強化するためにヘレナとは別れてマクシミアヌスの娘と政略結婚をした。その後、ヘレナは息子コンスタンティヌスを頼りに暮らしていたらしい。

コンスタンティヌスとヘレナ。コソヴォ、デチャニ修道院の壁画（14世紀）

コンスタンティヌスは三〇六年に父の後を継いで皇帝のひとりとなり、三二四年までに他の三人の正帝・副帝を破ってローマ帝国を再びひとりで治めるようになった。ヘレナはミラノ勅令より前からキリスト教徒だったと思われ、コンスタンティヌスがキリスト教に対して好意的になったのは、母からの影響と考えられる。

三二六年に、ヘレナはもう七〇歳代だったと思われるが、エルサレムやベツレヘムなどを訪問して、イエスが生きていた証《あかし》となる聖跡を探した。コンスタンティヌスは母に、国庫の金を自由に使う権限を与えた。ヘレナの訪問は、エルサレムをキリスト教の聖地・巡礼地として一変させるきっかけになった。正式名称も、アエリア・カピトリナからまたエルサレムに戻された。ヘレナは真の十字架（イエスが磔《はりつけ》にされた十字架）を発見し、そこにキリスト教の教会

エウドキア。イスタンブール、フェナリ・イサ・ジャミイで発見されたオプス・セクティーレ(10世紀、イスタンブール、国立考古学博物館)

を建てたが、それについては後でくわしく述べたい。ヘレナとコンスタンティヌスは、キリスト教の聖人になっている。これ以後、巡礼による訪問記が数多く書かれるようになった。

三九五年にローマ帝国は東西に分割して統治されるようになり、エルサレムなど東地中海は東ローマ帝国に属した。東ローマ帝国はビザンティン帝国という別名もあるので、東西ローマ帝国分割後はビザンティン時代と呼ばれる。ビザンティン帝国の時代は一四五三年まで続くが、エルサレムのビザンティン統治時代は七世紀で終わった。この時代にも引き続きキリスト教の建築物が建てられた。

その時期のエルサレムにかかわった人に、アエリア・エウドキアがいる。エウドキアは四〇〇年頃にアテネの哲学者の娘として生まれ、父から教育を受けた。四二一年に、エウドキアはビザンティン皇帝テオドシウス二世の姉プルケリアに認められて、皇帝と結婚した。彼女は、若いときにはアテナ女神にちなんだアテナイスという名でキリスト教徒ではなかったが、結婚後に洗礼を受けた。四三八年に彼女はエルサレムに巡礼した。ところがエウドキアは、知性の面でもキリスト教の信仰の面でも、ブルケリアの嫉妬《しっと》を招いたのかもしれない。エウドキアは不倫の疑いを受けたとも言われているが、アウグスタ（女帝。アウグストゥスの女性形）の称号を保持したまま四四三年に宮廷を去り、エルサレムに住んだ。彼女は四六〇年に亡くなるまで、文学作品の執筆を続け、いくつもの教会の建設や都市の整備にもかかわった。

六一四年にササン朝ペルシアがビザンティン帝国に侵攻し、エルサレムも占領されて、ヘレナが発見した真の十字架も奪われた。そのときにはビザンティン皇帝ヘラクレイオスが反撃し、逆にペルシアへ深く攻め入って、真の十字架を奪還した。しかしまもなくイスラム教を信仰するアラブ人が勢力を持ち、六三八年にはエルサレムも占領した。イスラム教徒にとってもエルサレムは、預言者ムハンマドにまつわる聖地となり、神殿の丘には岩のドームが建てられた。イスラム勢力も一枚岩ではなく、エルサレムは九七〇年からはファーティマ朝、一一世紀からはセルジュク朝が統治するようになった。キリスト教徒の巡礼運動はイスラム統治下でも続いた。またユダヤ人はエルサレムに住むことができた。

十字軍とイスラム勢力による奪回

西ヨーロッパでは一一世紀頃から社会がかなり豊かになり、キリスト教の美術や建築の活動も活発になった。これがロマネスク時代である。ローマのカトリック教会を中心とする西ヨーロッパの人々は、聖地への巡礼が自由におこなえないことを不満に思った。またカトリック諸国はスペインやイタリアなどでイスラム教勢力と対立し、イスラム教徒と戦って領土を奪うことは正義であると考えるようになった。こうした背景のもとで、ローマ教皇ウルバヌス二世は聖地奪還を呼びかけ、第一次十字軍がエルサレムに向かった。彼らはエデッサ（現トルコのウルファ）やアンティオキア（現アンタキヤ）を攻め取った後、一〇九九年に激闘と虐殺の末、エルサレムを占領した。十字軍は一〇万人以上の貧しい一般人を含む集団だったが、リーダー役になったのはフランスやフランドルの騎士だった。フランスのロレーヌ地方出身の貴族ゴドフロワ・ド・ブイヨンが初代のエルサレム王になるはずだったが、彼は「聖墳墓の守護者」を名乗り、一一〇〇年に後を継いだ弟のボードゥアン一世がエルサレム王を名乗った。こうしてエルサレムにキリスト教のエルサレム王国が成立した。イエス・キリストなどの聖跡は整備され、コンスタンティヌスとヘレナの時代に次いで多くのキリスト教の建築物が建てられた。しかし西欧人支配の基盤は脆弱《ぜいじゃく》で、戦いが絶えなかった。

サラディン（サラーフッディーン）は、本名をユスフ（聖書での呼び方で言えばヨセフ）と言い、現イラクのティクリートで軍人の家系に生まれた。彼はシリアのアレッポの君主に仕えて政治や軍事に通じるようになり、エジプト遠征を成功させて、アイユーブ朝と呼ばれるイスラム王朝を開いた。彼はシリアにも勢力を広げ、エルサレム王国を攻撃し、一一八七年にエルサレムは降伏した。サラディンは虐殺や略奪をおこなわなかったばかりか、捕虜にしたヨーロッパ人たちを解放するという寛大さを示した。西ヨーロッパは、イングランド国王リチャード一世

（獅子心王《しししんおう》）らによる第三次十字軍を送ったが、エルサレムを奪取するには及ばず、キリスト教徒の巡礼を認める約束をサラディンから取り付けて引き上げた。エルサレム王国という名前の国は、沿岸部の港湾都市を支配して存続した。

サラディンの後継者の時代でも、キリスト教徒は外交交渉によってエルサレムでの権益を確保するという方針を続けた。神聖ローマ帝国皇帝でもありシチリア王でもあったフリードリヒ二世は一二二九年、アイユーブ朝のスルタン、アル・カミールと交渉し、一〇年間の期限つきでエルサレム王国の樹立や聖墳墓教会の保有などを認めさせた。イスラム側が交渉に応じたのは、西欧諸国の軍事力を恐れたためというより、巡礼たちの訪問による観光収入をあてにしたためである。エルサレムにはイスラム教徒やユダヤ教徒が住み、キリスト教の巡礼が訪れて、一定の繁栄を見た。

一二五〇年には、エジプトからシリア・パレスチナ地方にいたるイスラム帝国の支配者はマムルーク朝に代わった。マムルークとはイスラム圏の諸国で活躍した奴隷身分の傭兵《ようへい》のことで、強力な戦闘集団であった。バグダッドのハーレムにいた奴隷出身のシャジャル・アッドゥルという女性が、アイユーブ朝のスルタン、サーリフの妻になり、サーリフの死後短期間ながら女性のスルタンになったのがマムルーク朝の始まりである。余談だが、ディズニーの実写版「アラジン」で女性でありながらスルタンになるジャスミン姫は、シャジャル・アッドゥルのことを想起させる。

この頃、西ヨーロッパはゴシック時代であり、各地に大規模なゴシックの大聖堂が建てられるほど経済力も文化も発展した。一二六七年頃、後にイタリアのジェノヴァの大司教となるヤコブス・デ・ウォラギネが、「黄金伝説」を完成した。これはヨーロッパや聖地で生まれた、聖書の登場人物のエピソードや、その他の聖人の説話などを集大成した本で、聖書とともによく読まれた。

オスマン帝国

オスマン帝国（オスマン・トルコ）は一三世紀に生まれた国であるが、どんどん発展し、一四五三年にはコンスタンティノポリス（現イスタンブール）を陥落させてビザンティン帝国を滅ぼした。一七世紀にオスマン帝国は、現在のトルコを中心に、ペルシアやエジプトから東ヨーロッパにわたる広大な領土を保有するようになる。エルサレムは一五一六年に、マムルーク朝からオスマン帝国の手にわたった。一五二〇年には、スレイマン一世（数え方によっては二世）がオスマン帝国のスルタンになった。スレイマン一世はオスマン帝国の黄金時代を現出させた人物であり、「大帝」や「壮麗王」という美称をつけて呼ばれることもある。彼はエルサレムの町の整備にも力を入れた。なおスレイマンとはソロモンのトルコ語形である。

キリスト教の中でも、正教会はオスマン帝国と常に激しく敵対しあうという関係ではなかった。オスマン帝国はビザンティン帝国を滅ぼしてそこを領土としたため、領内のキリスト教徒は正教徒がほとんどだったし、その統治には正教会の協力が必要だったからである。エルサレムでも正教会は一定の勢力を保っていた。一方カトリックの中ではフランシスコ会という修道会が、ヨーロッパ以外への進出にもっとも積極的だった。一二世紀終わりにイタリアのアッシジで生まれたフランチェスコの活動が、フランシスコ会のもとになっている。フランチェスコ自身も、一三世紀はじめにエジプトでスルタンのアル・カミールに対して改宗を勧めたことがあった。一三四二年のローマ教皇クレメンス六世のときから現在まで、フランシスコ会が作った聖地信託事業という組織が聖地のカトリック施設の管理者となっている。

オスマン帝国がエルサレムを統治したのは、一五一六年から一九一七年までの四〇〇年間にわたる。その間に西ヨーロッパは、ルネサンスからバロックやロココの時代を経て近代になった。エルサレムではキリスト教徒やユダヤ教徒の活動も制限付きであるが認められ、エルサレムをめぐる大きな戦争もなかったが、エルサレムは次第に注目される都市ではなくなり、一八世紀頃にはずいぶんさびれた一地方都市になっていたらしい。

一九世紀を迎えると、ヨーロッパだけでなく世界中に近代化の波が押し寄せた。一八九二年にエルサレムとテルアビブの港ヤッフォを結ぶ鉄道が開通した。同じ頃にイスタンブールとバグダッド、ダマスカス（現シリア）とメディナ（現サウジアラビア）などを結ぶ鉄道も着工あるいは完成されていた。巡礼は増え、ヨーロッパの大国はエルサレムに領事館や自国民のための宿泊所を設けた。街路や都市インフラも整備された。城壁の外にも、アラブ人、ユダヤ人双方の新市街が広がっていった。

一九世紀は近代化の時代であり、ヨーロッパ列強による覇権主義の時代、また民族主義の時代でもあった。オスマン帝国は多くの民族を内包していたが、ギリシアが一八二〇年代に独立を果たし、エジプトも長い独立戦争の末一八四〇年代に独立した。

欧米や西アジアに離散したユダヤ人の中でも、民族主義が高まった。ユダヤ人の民族主義運動は、シオニズムと呼ばれる。エルサレムのシオンの丘から取られた言葉である。エルサレムに元から住んでいたユダヤ人に加え、ヨーロッパからもユダヤ人が移り住んでくるようになった。ユダヤ人たちの間では、彼らがもともと住んでいた地域のさまざまな言葉が使われていた。エリエゼル・ベンイェフダはロシア出身で、パリ大学で医学を学んだ人であったが、旧約聖書の言語であるヘブライ語をユダヤ人に普及させようとした。彼はエルサレムに移り住んで、ヘブライ語の新聞を刊行した。ハンガリー生まれでウィーンでジャーナリストになったテオドール・ヘルツルは、イスラエル国家の建設を呼びかけ、一八九七年にスイスのバーゼルでシオニスト会議を開いて、各国のユダヤ人の代表約二〇〇人が集まった。ヘルツルはロスチャイルド家から支援を受けた。ロスチャイルド（ドイツ語ではロートシルト、フランス語ではロチルド）家は、フランクフルトにいたユダヤ人の家系で、銀行業や傭兵派遣業を皮切りに、鉱山、石油、水道、郵便などの事業を手がけた。貴族の位も受けて、一族はイギリス、ドイツ、オーストリア、フランスに展開し、一九世紀にはヨーロッパでも屈指の財閥家になっていた。

ヨーロッパのキリスト教徒は元からユダヤ教に対して反感を持っており、ユダヤ人差別もずっとおこなわれていた。ユダヤ人の民族主義が高まると、反ユダヤ感情も強まった。

第一次・第二次大戦

大国同士の対立と、大国の支配に対する民族主義の反発は、それまでもたびたび局地的な戦争や紛争を引き起こしていた。これが世界規模で噴出したのが一九一四年に始まった第一次大戦であった。オスマン帝国はドイツやオーストリアと組んで、イギリス、フランス、ロシアの連合国と戦ったが、戦況は不利になり、オスマン帝国は多くの領土を手放した。また第一次大戦後、軍人だったムスタファ・ケマル（ケマル・アタチュルク）は一九二二年に帝政の廃止、二三年に共和制の樹立を宣言して、オスマン帝国は滅亡した。

それより前、戦争が勃発《ぼっぱつ》すると、イギリスはスエズ運河の通行権を確保する目的で西アジアに出兵した。イギリスはオスマン帝国を弱体化させるために、オスマン支配下のアラブ人を支援し、エジプト駐在の外交官ヘンリー・マクマホンはムハンマドの末裔であるハシム家のフサイン・イブン・アリーとの間でフサイン・マクマホン協定を結んだ。ハシム家は、現在のヨルダン王家である。イギリス人トマス・エドワード・ロレンスは、オックスフォード大学で学んで考古学者を目指していたが、イギリスの軍人になり、ハシム家配下のアラブ人を率いてオスマン帝国に対するゲリラ戦を挑んだ。彼は「アラビアのロレンス」として知られている。

その一方、一九一七年にはイギリスの外務大臣アーサー・バルフォアが、前述のロスチャイルド家の一族で貴族院議員だったウォルター・ロスチャイルドに対し、シオニズムとユダヤ人のパレスチナ地方への帰還を支援するという内容のバルフォア宣言を出した。一九一八年にはユダヤ人の教育研究機関としてヘブライ大学が設立され、一九二五年にはエルサレム旧市街の北東にあるスコープス山にキャンパスが置かれた。ちなみにユダヤ系だった物理学者アインシュタインは、一九五五年に没した後、ヘブライ大学にすべての遺産や蔵書、著作権を遺贈している。

一九一七年にイギリス軍はオスマン軍を破ってエルサレムを占領した。一九二二年には国際連盟からパレスチナの委任統治を認められ、引き続きイギリスがエルサレムを支配した。しかし、ユダヤ、アラブ双方の民族主義はますます高まり、統治はうまくいかなかった。ヨーロッパでは、一九三三年にナチス党がドイツの政権を取った。ナチスもドイツの極右民族主義政党と言える。ナチスの反ユダヤ主義が明らかだったので、ヨーロッパのユダヤ人はイギリスやアメリカなどの連合国に味方した。一方、西アジアのアラブ勢力はユダヤ勢力に対抗するためドイツに味方した。今日では誰でも知っているように、第二次大戦が起こり、ドイツとその支配地ではユダヤ人が迫害されて多くの人々が強制収容所で殺された。

戦後

第二次大戦後、イギリスの委任統治領だったパレスチナ地方を、ユダヤ人の国家、アラブ人の国家、特別地域エルサレムに分割するというパレスチナ分割決議が一九四七年の国際連合総会で採択された。欧米を中心に七割の国が賛成、アラブ諸国など三割が反対した。なお、日本は敗戦国なので当時はまだ国連に加盟していない。この案件をめぐって、ユダヤ・アラブ双方の間で、また統治者であるイギリスに対しても、テロ攻撃が続発した。一九四八年五月一四日にはイギリスの委任統治が終了してイスラエル共和国が国家の独立を宣言したが、同じ日にエジプト、トランスヨルダン（現ヨルダン）、シリア、レバノン、イラクのアラブ五か国はイスラエルに対して宣戦布告し、第一次中東戦争が始まった。一九四九年に停戦協定が結ばれ、イスラエルはパレスチナ地方で多くの領土の領有を認められたが、象徴的な意味を持つエルサレム旧市街など東エルサレムはヨルダンが保有することになった。エルサレム西部の新市街はイスラエルのものであったが、ユダヤ人は旧市街に立ち入ることができなくなった。

一九五六年にはシナイ半島の領土をめぐってイスラエルとエジプトの間で第二次中東戦争が起きたが、これはエルサレムには直接の関係はない。一九六七年には第三次中東戦争が起きた。イスラエルは十分準備をしてヨルダンなどの空軍基地を奇襲したため、戦況は最初からイスラエルに有利で、六日間で終わった。そのため、六日間戦争と呼ばれることもある。イスラエル軍はヨルダン支配下の東エルサレムに進軍し、エルサレム旧市街にも突入して占領した。その結果、イスラエルが旧市街を含めた東エルサレムを実効支配しているが、日本を含め大多数の国は第一次中東戦争の停戦ラインが今も有効とし、現状を認めてはいないという形になっている。多くの国はエルサレムをイスラエルの首都とは認めないという立場から、大使館を置いていない。しかし親イスラエルのトランプ前大統領は、二〇一八年にアメリカ大使館をテルアビブからエルサレムに移した。このように情勢は今も流動的である。

イスラエルとアラブ諸国が戦争を続ける間に、イスラエルの建国によって土地を奪われた先住のパレスチナ人（パレスチナ地方に住むアラブ人）は難民になった。彼らはアラブ諸国の支援を受けつつ、パレスチナ解放機構（PLO）を組織した。パレスチナ人の一部は一時期、飛行機のハイジャックやテロ攻撃で闘ったため、この地方はテロで危ないところというイメージが今でも消えていない。一九七二年には、パレスチナ過激派に加担した三人の日本人がテルアビブ空港で銃を乱射し約一〇〇人の旅行客を死傷させる事件も起きた。イスラエルの軍事占領に抵抗するパレスチナ人の大規模な抗議活動はインティファーダと呼ばれる。第一次インティファーダは一九八七年から起こり、この対立を緩和するために一九九三年にクリントン米大統領の仲介でイスラエルのラビン首相とPLOのアラファト議長の間でパレスチナ暫定自治合意（オスロ合意）が結ばれ、一九九四年にパレスチナ人はヨルダン川西岸地区とガザ地区の自治権を獲得した。現在、一〇〇以上の国がこのパレスチナ人の政権を「パレスチナ国」として承認しているが、日本政府はまだ国家としては承認せず、「パレスチナ自治政府」と位置づけている。この政権の中でも路線の対立があり、ヨルダン川西岸地区は穏健派のファタハが統治しているが、ガザ地区は強硬派で武装闘争路線のハマスが統治し、イスラエルとの間で局地的な紛争がおさまっていない。第二次インティファーダは二〇〇〇年に起こり、数年間続いた。

その間にも、イスラエルはパレスチナ自治政府の域内に新しい町を建設してユダヤ人を住まわせる、入植地拡大の方針をやめてはいない。イスラエルはテロなどを防ぐためと称して、入植地を囲む高いコンクリート壁を建設し、人々が自由に往来できないようにしている。この壁はかつてのベルリンの壁や南アフリカのアパルトヘイトを連想させ、国際社会で非難の的になっている。小説家の村上春樹は二〇〇九年にイスラエルの文学賞「エルサレム賞」を受けたとき、軍事力を「硬い大きな壁」に、一般市民をそれにぶつかって割れてしまう「卵」に譬《たと》えるスピーチをした。また美術家のバンクシーは分離政策の非人間性を批判する立場から壁に落書きをし、ベツレヘムの分離壁のすぐ前に建つウォールド・オフ・ホテル（壁でへだてられたホテルという意味で、エルサレムの超高級ホテル、ウォルドルフ・ホテルをもじった名。「世界一眺めの悪いホテル」という呼び名でも知られる）の運営に参加している。二〇二二年の時点でのイスラエルの人口は約九五〇万人で、国土の面積は長野県と静岡県を合わ

右がベツレヘムの分離壁、左がウォールド・オフ・ホテル

せたくらいである。人口は増加傾向が続き、一九六〇年代の約二〇〇万人から実に四倍以上になっている。イスラエル国外に住むユダヤ人（＝ユダヤ教徒）は、アメリカが五〇〇万人以上と最大で、ヨーロッパ諸国にもそれぞれ数万人から数十万人のユダヤ人が住む。一方、パレスチナ自治区の人口は約五三五万人で、ヨルダン側西岸地区の面積は愛媛県と同じくらい、ガザ地区は福岡市や名古屋市より少し大きい程度であり、それ以外にヨルダン、シリア、レバノンに住むパレスチナ難民が三六六万人いるという。日本政府はイスラエルとパレスチナ双方が対立する情勢について深い憂慮を表明し、すべての当事者に対し暴力と煽動《せんどう》をやめるよう求めている。これが現代までのおおまかな歴史である。

第二章　ユダヤ教とエルサレム――聖地の誕生

ダビデ

ダビデは、ユダヤ民族最大の人物である。イスラエル国旗にもなっている六角の星は、ダビデの星と呼ばれる。このマークが生まれた時期は中世や近代など諸説あるが、ヨーロッパに住んでいたユダヤ人たちが軍の部隊を構成したときに自分たちの旗印として使ったものらしい。つまり、古代にさかのぼるということはない。またヘブライ語から生まれたのではなく、ギリシア語で表記したダビデΔΑΒΙΔの最初と最後のデルタΔの文字を、ひとつは逆さにして重ね合わせて作られたと言われている。

ダビデの星を表したイスラエルの国旗

ダビデはユダヤ王国の王になり、初めてエルサレムを首都とした人であった。だからエルサレムの史跡の探訪を、ダビデにかかわるところから始めたい。エルサレムにはダビデの名を冠した名所がいくつかある。まずは旧約聖書の記述をもとにして、彼の生涯をたどってみよう。

カナンの地へ来たユダヤ人は先住のペリシテ人と激しく争っていたが、預言者サムエルが国を指導していた時代に、一定の勝利を得た。そのとき人々はサムエルに、この国に王を立てるように求めた。サムエルは「王がいたら、あなたたちの息子は徴用されて兵士にされ、王のための耕作に従事させられるし、娘は料理やパン焼きをさせられる。一番良い畑が没収されて家臣に分け与えられ、農作物の十分の一が徴収される。あなたたちは王の奴隷になる」と強く警告したが、それでも人々は「他の国のように、王が裁きをし、戦争の陣頭に立つのが良い」と言って、国王を望んだ。ベニヤミン族にサウルという若者がいて、美しく、他の人より肩から上の分だけ背が高かった。サムエルはサウルと出会い、神の指示にしたがってサウルの頭に油を注ぐ儀式をして、国王にした。中には、サウルの権威をあなどる人たちもいた。そのときヤベシュという町がアンモン人におびやかされていたが、サウルは軍を編成してアンモン人を破った。サウルは改めて全国民から国王と認められた。

サウルは軍隊を強化し、ペリシテ人と戦い続けた。その分だけ、ペリシテ人の敵意も強くなった。この頃、金属製品を作る技術はペリシテ人しか持っておらず、彼らは軍事技術の流出を防止していたので、ユダヤの軍はサウルとその子ヨナタンくらいしかまともに武装していなかったと聖書には書かれている。しかしサウルは戦いに明け暮れた。そのうち、案の定と言うべきか、サウルは次第に専横になり、サムエルと意見が衝突するようになった。神は、サウルに失望した。

神はサムエルに、ベツレヘムに住む長老エッサイの息子から次の王になる者を探すよう命じた。サムエルはエッサイの家へ行き、息子たちを次々に呼んで面接をした。神はサムエルに「容姿や背の高さではなく心によって見る」よう忠告した。エッサイの七人の息子たちは、サムエルの気には入らなかった。末の子は羊の番をしていてそこにはいなかったが、呼び寄せると立派な子だった。サムエルはこの子ダビデに油を注いだ。

その頃サウルは次第に悪霊《あくれい》にさいなまれるようになっていたため、家臣は竪琴《たてごと》が上手な者を近くに置くように勧めた。ダビデが選ばれて、太刀持ちの小姓としてサウルに仕えるようになった。ダビデが竪琴を弾くとサウルの心は安まった。

ユダヤ人とペリシテ人は対決の準備を整えた。ユダヤ軍はエラの谷に布陣した。これはエルサレムから南西に二〇キロあまりのところである。ペリシテ人の中にゴリアト（またはゴリアテ）という身長三メートル近くの巨大な戦士がいて、青銅の甲冑《かっちゅう》で武装し、向かうところ敵なしであった。ゴリアトはユダヤの軍に向かって、一騎打ちをして負けた側が奴隷になることにしようと挑発した。ユダヤ人は皆おびえて誰も応じることができなかった。

ダビデはまだ兵士になれない年齢の少年だったが、従軍している兄たちへの差し入れを持ってきて、この挑戦を聞いた。ダビデは、自分がゴリアトと一騎打ちをすると言った。サウルはダビデを自分の甲冑と剣で武装させようとしたが、彼はそれを身につけずに、羊飼いが使う石

石投げ機を持つダビデ（左）と襲いかかるゴリアト。銀皿の打ち出し細工（629～630年、ニューヨーク、メトロポリタン美術館）

投げ機だけを持ち、石を五つ拾って進み出た。石投げ機とは、帯状の紐《ひも》をふたつ折りにして石をはさみ、振り回して遠心力で石を飛ばすという道具である。ダビデは石投げ機を使って石をゴリアトの額に命中させ、ゴリアトの剣を抜いてとどめを刺した。ペリシテ人の軍は潰走《かいそう》した。

それ以後、ダビデはサウルの子ヨナタンに仕え、軍の隊長になり、サウルの娘ミカルと結婚した。戦いに出れば連戦連勝で人々の人気を得た。民衆は「サウルは千を討ち、ダビデは万を討った」と歌った。サウルはダビデに嫉妬し、また悪霊に取りつかれた。ダビデが竪琴を弾いて慰めようとしてもサウルの心は安まらず、ダビデを槍《やり》で殺そうとした。ダビデはその後も戦いで手柄を立てたが、サウルは家臣にダビデを殺すように命じた。ダビデは何度も関係の修復を試みつつ、ヨナタンやミカルやサムエルなど多くの人に助けられながら、長い逃亡生活を送った。その間もダビデはサウルを「主に油を注がれた方」として尊重した。またサウルの衣の端を切り取れるくらい近くで遭遇しても、危害を加えようとはしなかった。やがて、ユダヤ軍はペリシテ人とギルボア山で戦って敗れ、ヨナタンは戦死し、サウルも自殺した。その後、サウルの息子イシュ・ボシェトが北部イスラエルの王になり、ダビデはヘブロンへ行って南部のユダを治めた。七年六か月の間その状態が続いた後、イシュ・ボシェトが暗殺された。ダビデは、ヘブロンで長老たちに油を注がれ、イスラエル全体の王になった。そのときダビデは三〇歳で、その後三三年間にわたってイスラエルとユダを統治した。

ダビデはエルサレムに住んでいたエブス人を攻め、シオンの要害を攻略した。彼はそこを奪取し、ダビデの町と呼び、城壁で囲んだ。何人もの妻や側室を持ち、多くの子が生まれた。ペリシテ人に勝利し、モアブ人やアンモン人などの民族も支配下に入れた。このようにしてダビデの黄金時代が到来した。

ダビデは英雄色を好むというタイプの人だったのか、大勢の妻や側室を持ったが、家庭的な幸せには恵まれなかったように思われる。ダビデが王になってからのこと、王宮の屋上を散歩していると、美しい女性が水浴をしているのが見えた。それは軍人ウリヤの妻バト・シェバ（またはバテシバ）であった。ダビデはバト・シェバを王宮に呼び寄せ、まもなく彼女は身ごもった。ダビデは口実を設けてウリヤを戦場から召還し、家に帰らせた。ウリヤが帰宅すれば妻とベッドをともにするだろうし、そうなれば夫の不在中にバト・シェバが妊娠したことをごまかせると思ったからである。しかしウリヤは謹厳実直な軍人で、仲間の将兵が野営しているのに自分だけ楽はできないと言って、家には入らなかった。ダビデはウリヤを戦地に戻し、危険な最前線に送って戦死させた。ダビデはバト・シェバを王宮に引き取って妻にしたが、このおこないに対する神の怒りによって、彼女の生んだ子は七日目に死んだ。その次にバト・シェバが生んだ子ソロモンが、後に王位を継ぐ。

聖書には、ダビデの息子アブサロムの話も書かれている。ダビデの息子のひとりアムノンは、ダビデの娘で異母妹であるタマルに恋をした。アムノンは仮病を使ってタマルを看病に呼び寄せ、力ずくでベッドに引き入れた。同母兄のアブサロムは傷ついたタマルを保護し、アムノンを憎んだ。二年後、アブサロムは王子たち全員を招いて、そこに来たアムノンを殺した。

ダビデはそのときアブサロムを許したが、アブサロムの方にはいろいろとわだかまりがあったらしい。何年もの後、アブサロムは父ダビデに対して反乱を起こした。アブサロムに人気が集まり、ダビデは形勢が不利と見てエルサレムを脱出して、アブサロムがエルサレムに入るまでになった。しかし、ダビデに従った軍勢とアブサロムを支持した軍勢の間で戦いが起こり、ダビデの軍が勝利した。ダビデは、アブサロムだけは殺さないよう全軍に命じていた。ところがアブサロムはらばに乗って樫《かし》の大木の下を通ったときに、自慢の長髪が枝にからまって、宙づりになった。ダビデの腹心の部下ヨアブは、アブサロムの心臓を突き刺して殺害した。ダビデは、戦いには勝ったがアブサロムが死んだことを嘆いた。それに対してヨアブは、「われわれが全員死んでアブサロムが生きていたらよかったのか」と王を批判した。ダビデはエルサレムに帰還し、その後も国を治めた。人口調査をしたことや疫病が起きたこと、年を取って身体が冷えるのでアビシャグという若い女性に添い寝をさせたことなどが、「サムエル記下」の最後から「列王記上」のはじめに書かれている。ダビデが高齢になったとき、息子のひとりアドニヤが王になろうとした。ダビデはそれに先んじて、ソロモンへの譲位を果たした。やがてダビデは没し、ダビデの町に葬られた。

美術とダビデ

ダビデは、ヨーロッパの美術の中にしばしば登場する。ゴリアトとの戦闘場面を描いた作品も多い。しかしもっとも有名なのは、ミケランジェロの彫刻であろう。フィレンツェのパラッツォ・ヴェッキオ（当時のフィレンツェ政府庁舎、現フィレンツェ市役所）の前に置くために作られた大理石の彫刻で、一五〇四年、彼が二九歳のときに完成した。ダビデは左手を肩の方に上げ、強い目で何かを見ている。これは石投げ機の端を左手で持って、大きなゴリアトをやや上目遣いににらみつけているところである。石投げ機の紐は左肩から背中の後ろに回して、右手で石を持っている。大方の日本人には石投げ機というものはなじみがないので、ダビデが手ぬぐいを肩にかけてこれから風呂に入ろうとしているところに見えるかもしれな

ミケランジェロ「ダビデ」(1504年)　フィレンツェ、アカデミア美術館

い。ミケランジェロのダビデ像は、物語を表すためのゴリアトの首を足もとに置かず、石投げ機もできるだけ目立たせず、ギリシア彫刻から影響を受けてダビデを全裸で表し、聖書の物語を超越した美しい人間像を表そうとしたところに特徴がある。現在、宗教に関心がなくてもこのダビデ像を知らない人はいないほどなので、ミケランジェロの表現の試みは見事に成功したと言えよう。

ダビデの町遺跡

さて、ここからダビデとエルサレムの関係を見ていきたい。ダビデはエルサレムに住んでいたエブス人の町を攻撃して奪取し、周囲に城壁を築いてダビデの町とした（サムエル記下五・六）。彼はそこに王宮を建てた。この「ダビデの町」の場所は、現在のエルサレム旧市街を囲む城壁より南東で、神殿の丘から南に続く尾根とその両側の斜面であると考えられている。

この区域の考古学的な調査が始まったのは一九世紀中頃で、最初はロンドンで貴族や財界人が考古学研究を支援するために設立された「パレスチナ探求基金」が中心となった。一九世紀後半には、英国の軍人で考古学者でもあったサー・チャールズ・ウォーレンやライプツィヒ大学の旧約聖書学教授のヘルマン・グースが中心になって発掘を始めた。発掘は二〇世紀にも続き、一九八〇年代からはダビデの町財団というイスラエルの国粋主義的な団体が主体となって、大がかりな発掘調査が進められている。発掘現場全体に「ダビデの町」という名がつけられ、整備されて考古学テーマパークのようになり、イスラエルが定めた「エルサレムの城壁国立公園」の一部となっている。

ダビデの竪琴のシンボルマークがある入口を入ると、そこは尾根の一番上で、広い展望デッキやカフェ、土産物店などがある。そこから階段や通路を歩いて、遺跡全体を見て回ることができる。斜面はかなり急で、そこに大小の住居跡の遺構がある。石を積み重ねた遺構は、少し

ダビデの町遺跡

見ただけでは時代の見分けがつきにくいが、出土した土器などから時代が判定されている。研究の結果、ここには先史時代の紀元前四〇〇〇年頃から人が住んだ跡が認められるという。大きな石造建築物や城壁の土台も発見されている。ヘブライ大学の考古学者エイラット・マザールは、それが紀元前一〇世紀のダビデの宮殿や城壁だと考えた。彼女の説は、考古学界で広く受け入れられているとは言いがたい。彼女の主張は、純粋に科学的というより、聖書の記述が正しいことを考古学で立証したいという宗教的な使命感から生まれたものと見なされているからである。残念なことに、結論を確かめることのないまま、マザールは二〇二一年に六四歳で亡くなった。

ダビデの町遺跡の発掘調査事業は、政治的な意味合いでも批

判を受けている。東エルサレムはイスラエルが軍事力で実効支配している土地であり、そこで考古学の発掘をして古代のユダヤ国王の町であると実証しようとするのは、「自分たちはずっと昔ここに住んでいた」という理屈で国際法上不当な占領を正当化する意図があると考えられるからである。ダビデの町財団の政治的立場は右翼的で、イスラエルとロシアの両国籍を持ちプーチン大統領とも親しいオリガルヒ（ロシアの新興財閥）がカリブ海のタックスヘイブンに所有する企業から、この財団に不明朗な巨額の資金が流入していると、イスラエルの新聞「ハアレッツ」は二〇二〇年に報道している。

それでもここがエルサレムの史跡のうち、もっとも古い時代にさかのぼることは事実である。建築物の遺構にもまして興味をひくのは、この遺跡の地下にあるトンネルであろう。ダビデの町遺跡のずっと下には、ギホンの泉がある。ギホンの泉は現在も豊かに水が湧《わ》き出している水源で、キドロンの谷に面した急斜面の一番下にある。古代の人たちはその水源地を敵に奪われないため地上からは見えないように隠し、尾根の上から地中を斜め下に向かってギホンの泉まで続くトンネルを使って、水をくんで町に供給したらしい。トンネルは深く、特に最後のところは深さ一三メートルの垂直の縦穴になっている。この部分は、一八六七年にウォーレンによって発見され、「ウォーレンの縦穴（シャフト）」と名づけられている。斜めの部分では人が上り下りし、縦穴のところでは水の入った桶《おけ》をロープで引っ張り上げるようにしていたらしい。

そこで気になるのは、聖書の記述である。ダビデがエブス人の要害を攻撃したとき、彼は

「水くみのトンネルを通って町に入り」（サムエル記下五：八）、そこを陥落させてダビデの町を作ったと書かれている。聖書と照らし合わせて、このトンネルこそダビデが攻撃に使ったものであると考える人もいるが、その真偽はわからない。そもそも聖書自体が、ダビデの時代より何百年も後で書かれたものであるし、トンネルの存在を前提にして作った神話かもしれない。また縦穴が人工のものか自然にできたものかについても議論があるが、自然にできたという説が有力である。

ダビデの町のトンネル

もうひとつのトンネルは、「ギホンの泉」から湧出《ゆうしゅつ》する水をほぼ水平に、尾根の下を貫通して南西に誘導する地下水路で、地面が低くなっているところに水くみ場が設けられ、そこに水が流れ込むようになっていた。水くみ場はシロアムの池という名なので、このトンネルは「シロアム・トンネル」とも呼ばれることもあるが、旧約聖書に登場する王ヒゼキヤと結びつけて、「ヒゼキヤのトンネル」と呼ばれることが多い。

ヒゼキヤは紀元前七世紀のユダ王国の王であった。彼は二五歳で即位し、賢明な王であったが、治世一四年目にアッシリアの王センナケリブが攻めて来た（列王記下一八：一三）。人々は城壁内に立てこもり、ヒゼキヤはアッシリアに貢納することを条件にして撤退を求めた。アッシリアは包囲をとかず、ユダ王国を内部から切り崩そうとして、ヒゼキヤに反抗して降伏するよう民衆がわかるヘブライ語で呼びかけた。しかし彼らは籠城《ろうじょう》を続けた。ヒゼキヤの信心深さと善政が支持されていたからである。結局、神がアッシリアの陣営に被害を与えたのでセンナケリブは引き上げた。その記述の中で、ギホンの湧き水をせき止め、ダビデの町の西側に向かって流れ下るようにしたのはヒゼキヤであったと書かれているのが、このトンネルのことであるとされている（歴代誌下三二：三〇）。

トンネルは、幅は一メートル前後、高さは二メートル以下から数メートルである。全長は五〇〇メートル以上に及ぶが、ゆるやかな高低差があって水は自然に流れるようになっている。トンネルは地中でS字形に大きく蛇行している。このトンネルのことは、一七世紀にエルサレムを含め西アジアを広く訪問したイタリア人東洋学者フランチェスコ・クアレスミオが記述し、一九世紀にウォーレンらも調査している、その後、一八八〇年にトンネル内の岩壁に文字が刻まれているのが発見された。おそらくトンネル開通を記念した碑文と思われ、このトンネルは両方から掘り進めていって中央で出会ったと書かれていた。文字の特徴から、紀元前八世紀に書かれたとされる。そのため、はるか古代のユダヤ民族が持っていた技術力が信じられないほど高かったことを示す証拠として語られることが多いが、天然に生じていた地下の水路を見つけて、それを掘り広げた可能性もあるだろう。また、このトンネルをヒゼキヤと結びつけることを疑問視する意見もある。碑文の部分の岩は一八九一年に岩盤からはがされ、イスタンブールの国立考古学博物館に収められている。

ダビデの町遺跡に入場すると、古代の建築物の石組みを見て回った後、このトンネルも探訪することができる。鉄の階段を降りて、地中深くへと下っていくと、まわりの岩の重量感で息が苦しくなるような感じがする。ヒゼキヤのトンネルも通ることができるが、今もギホンの泉から湧き出る水が流れていて、腰まで水につかって歩かなければならないらしい。筆者はそこを歩いたことはないが、「カナン人のトンネル」と呼ばれる、水が流れていないトンネルもある。こちらはヒゼキアのトンネルよりずっと古く、紀元前一八世紀にさかのぼるという。

シロアムの池

ヒゼキヤのトンネルを通った水は、シロアムの池に流れ込む。ダビデの町の南端の急斜面を下ったところにあり、地下のトンネルに入った地点からは直線で三〇〇メートルほど離れている。実用的な水利施設であるため何度も作り替えられ、ヒゼキア時代のシロアムの池は残っていない。現在見ることができるのは第二神殿時代（紀元前六〜紀元後一世紀）のものと考えられており、一九世紀に発掘された。日本語で「池」と言って思い浮かべるような自然の形ではなく、現代の四角形の水泳プールに近い。英語でも pond ではなく pool と言い表す。水をためる池

ドゥッチオ・ディ・ブオニンセーニャ「マエスタ祭壇画」の一部「シロアムの池での治癒」(1311年、ロンドン、ナショナル・ギャラリー)。右側のふたりの人は同一人物で、中央のイエスに目を癒してもらってから画面右端の水で洗う

の横は石の階段になって、水辺へ降りていけるようになっている。現在発掘されている部分はシロアムの池のごく一部にすぎず、もともと池はもっと大きな四角形で、これを囲んで柱廊があったと考えられている。ビザンティン時代の五世紀に、皇妃エウドキアはシロアムの池の北側に隣接して教会を建てたが、それは失われた。

シロアムの池は、新約聖書にも登場する。イエスは生まれつき目が見えない人と会い、土をつばでこねてその人の目に塗り、「シロアムの池に行って洗いなさい」と言った。すると目が見えるようになった(ヨハネの福音書九：一～一一)。聖書には、シロアムが「遣わされた者」という意味であるという注記がある。

ダビデの墓とシオンの丘

さて聖書には、ダビデが奪取した町は「シオンの要塞」であったとも書かれている。そこがダビデの町になり、彼はダビデの町に埋葬された(列王記上二：一〇)。この地を実際に訪れて聖書の舞台を見て回る巡礼を納得させるには、こうした記述が矛盾なく示されている、ダビデの町であり、ダビデの墓があるシオンの丘というものがなければならない。しかし一～二世紀に続いた戦乱のために、どこに何があるという伝承も途絶えていたため、場所の確定には紆余《うよ》曲折《きょくせつ》があった。

ダビデの墓について、フラウィウス・ヨセフスは次のような話を記録している。ハスモン朝の王ヒルカノスは、ダビデの墓を開いてそこにあった三〇〇〇タラントンの銀貨を手に入れた。これを日本円に正確に換算することはむずかしいが、一〇〇〇億円規模になるだろうか。ヘロデ王は、ダビデの埋蔵金がまだ残っていれば自分も欲しいと思ってダビデの墓室に入り、棺《ひつぎ》まで開こうとしたが、炎が吹き出して衛兵二人が死んでしまった。ヘロデは大いに恐れて、墓室の入口に記念碑を建てたという（ユダヤ古代誌XVI－七）。しかしこの墓がどこにあったかは述べられていない。

四世紀にキリスト教の巡礼運動が始まった頃、ダビデの墓とされるものはベツレヘムにあったらしい。ボルドーの巡礼は、ベツレヘムの降誕教会から遠くないところに、エッサイとダビデとソロモンの親子孫三代や、ダビデの側近の音楽家で「詩編」にも名前が出ているアサフが葬られた墓があって、名前がヘブライ語で記されていると書いている。六世紀のピアチェンツァの巡礼の記録などにも、ベツレヘム郊外のダビデやソロモンの墓のことは書かれている。これはダビデがベツレヘム出身であることや、先祖とともに眠りについたという聖書の記述とは合致するが、反面ダビデの町に葬られたと書かれているのとは矛盾する。要するに、すべてを聖書の記述と一致させるのには無理があったのだ。その後、ベツレヘムのダビデの墓がどうなったのかはよくわからない。

その一方で、シオンの丘の場所もぜひとも特定されなければならなかった。シオンの丘は、「詩編」で「聖なる山」と歌われ、エルサレムを擬人化した「乙女シオン」として繰り返し語られた場所である。しかし、シオンの丘が正確にどこにあたるのかもわからなかった。

エルサレムの旧市街の部分は全体が台地状の地形だが、その中でも東側と西側が特に小高くなっていて、「丘」と呼び得る。東の丘がダビデの町から神殿の丘にかけての丘陵である。神殿の丘がすなわちシオンの丘でもあるという考え方も当然成り立つし、その方が自然であるように思える。しかしシオンの丘の候補は、西の丘の方に移っていった。それはなぜかというと、聖地作りをした四世紀のキリスト教徒たちが、旧約聖書の文言からシオンの丘の様子を読み取って、それにあてはまる場所を探そうとしたためである。シオンは、かつては栄えたがバビロニアに滅ぼされたために、廃墟《はいきょ》がぶどう畑の仮小屋やきゅうり畑の見張り小屋のように残っているところ（イザヤ書一：八）であり、耕されて畑となった地（ミカ書三：一二）と描写されている。神殿の丘は擁壁《ようへき》で囲まれて整備されハドリアヌス帝の彫像が立っていたので、その描写にはそぐわない。当時の西の丘の方がよくあてはまっていたようである。ボルドーの巡礼は、西の丘がダビデの宮殿があったところで、七つのシナゴーグ（ユダヤ教の会堂）があったがひとつだけが生き残っていて「イザヤ書」に書かれた通りであると述べている。それはボルドーの巡礼自身の新知見ではなく、おそらく現地のガイドからそのように解説されたのであろう。預言者イザヤは紀元前六世紀にバビロニアに滅ぼされた後のエルサレムを語ったのであり、ボルドーの巡礼が見たのはその六〇〇年後にローマ帝国にまた滅ぼされた後の様子だったが、彼にとって西の丘の光景はしっくりきたのだ。その後今日まで、西の丘がシオンの丘と呼ばれている。

オリーブ山から見たエルサレム旧市街の南端。写真右手前の擁壁で囲まれたところが神殿の丘、左遠方の教会と塔があるところがシオンの丘

四世紀にはそこにシオン教会が建てられた。それについてはキリスト教の聖跡のところでもまた述べたいが、そこにすぐダビデの墓が設けられたというわけではなく、巡礼の記録にも出てこない。一〇九九年に十字軍がエルサレムを占領した後、ヨーロッパ人はキリスト教の聖跡を大々的に整備した。そのときに再建されたシオン教会の南東の一角にダビデの墓が作られ、その二階部分は新約聖書「使徒言行録」のエピソードである聖霊降臨の部屋とされた。つまり、ダビデの墓はベツレヘムにあるという説はちょっと脇《わき》に置いて、

ダビデの墓＝ダビデの町＝シオンの丘説の方を採用し、キリスト教の聖地として教会の中に作られたわけである。この頃から、ダビデの墓は巡礼の旅行記にも記されるようになる。

十字軍が敗退した後、シオン教会は大きく損傷を受けたが、ダビデの墓の部分は残った。この場所の管理権はキリスト教のフランシスコ会とイスラム勢力との間で絶えず行き来した。一五一六年にオスマン帝国がエルサレムを支配するようになった後、オスマン帝国のスレイマン一世は一五二四年に、この場所の管理をエルサレムに住むアラブ人の名家でムハンマドの血筋を引くダジャニ家にゆだねた。ダビデの墓の周囲には回廊などが建てられ、ナビ・ダウド・モスクとして整備された。ナビ・ダウドとは預言者ダビデのことで、イスラム教ではダビデはアッラーの神から「詩編」を授けられ（コーラン一七：五五）、地上の摂政に任じられたと位置づけられている（同三八：二六）。このようにしてダビデの墓はキリスト教の聖地からイスラム教の聖地になったが、他宗教の信者の立ち入りは制限されていたので、ユダヤ人の聖地にはなり得なかった。

一九四八年のイスラエル独立と第一次中東戦争のとき、シオンの丘はヨルダン軍とイスラエル軍の激戦地となった。一九四九年の停戦合意で旧市街はヨルダン領とされ、城壁の外に無人緩衝地帯が設けられたが、ダビデの墓のモスクはぎりぎりイスラエル側になった。ユダヤ人は旧市街の嘆きの壁に祈りに行くことができなくなったが、ダビデの墓までは来ることができたので、ここはユダヤ人にとってのもっとも重要な聖地となった。モスクだった間にイスラム風

ダビデの墓がある建物

ダビデの墓

に装飾されていた建築の内装や、棺をおおっていた布の文様は、イスラム風のものだったのが次第にユダヤ風になった。壁は一七世紀にタイルで飾られていたが、二〇一二年に何者かによって破壊され、イスラエル考古庁はそれを復元しないことにした。タイルはオスマン建築の代表的な壁面装飾だからである。ヨルダン政府はイスラエル側がモスクを不当に改変していると国連に申し立てたこともあったが、一九六七年の第三次中東戦争以後もここをイスラエルが支配する状況は変わっていない。この建物は、現在はユダヤ教の宗教教育機関が管理している。

ダビデの墓のある建物全体は堂々としているが、ダビデの棺も、それが置かれた部屋も、意外に質素で小さい。部屋はついたてで仕切られ、男女は左右に分かれて棺の前に進み出るようになっている。棺は、ローマの高級な石棺のように大理石をくりぬいたものではなく、切石を合わせて作られている。棺の上には紺色に金の刺繡《ししゅう》のある布がかかり、石の壁の小さなニッチ（壁龕《へきがん》）の前に安置されている。ここの石組みは古い時代のもののように見えるため、一二世紀より前の、四世紀に建てられたシオン教会の壁の残存部であるという説もあるし、あるいはもっと古く、ボルドーの巡礼が見たシナゴーグの壁であるという説もある。議論は純粋に考古学や建築史の問題とはならず、できるだけ古い年代に位置づけたいという思いがあり、またユダヤ教側とイスラム教側のそれぞれの主張もあるので、簡単にまとまりそうにはない。

アブサロムの墓

エルサレムには、ダビデの息子アブサロムの名を冠した墓もある。

キドロンの谷は、エルサレムの旧市街と東のオリーブ山をへだてる谷の、現在の呼び名である。旧約聖書「ヨエル書」によると、神は「主の日」に諸国民をヨシャファト（またはヨシャパテ）の谷に連れてきて裁き、ユダヤ人をしいたげた人々に復讐《ふくしゅう》してエルサレムを栄えさせる。これが、ユダヤ教に始まりキリスト教やイスラム教にも受け継がれた「最後の審判」の思想である。このヨシャファトの谷は、キドロンの谷のことと考えられている。ここは、古代から現代まで、墓地になっている。神殿の丘の東側では、オリーブ山の斜面の広い範囲が、ユダヤ教徒の墓でびっしりとおおわれている。

アブサロムの墓と呼ばれるものは、その谷の中にあってひときわ目を引く。下部は岩盤から削り出した大きな角柱で、その上に特徴的な円錐《えんすい》形の石造の頂部が載っている。中に埋葬するための墳墓ではなく、ネフェシュと呼ばれる葬祭の記念碑である。この建築物が作られたのは、細部の装飾の様式から紀元一世紀と考えられているので、アブサロムの墓ではあり得ない。聖書に、アブサロムは跡継ぎがいなかったので死後に名が絶えると思い、生前に王の谷に自分の名をつけた石柱を立てたと書かれている（サムエル記下一八：一八）。それでこの墓と聖書の記述が結びつけられたものであろう。一世紀のユダヤ王ヘロデ・アグリッパの墓であるとする説もある。

キドロンの谷にあるアブサロムの墓

ヘジルの墓（左）とゼカルヤの墓

アブサロムの墓のすぐ近くに、祭司ヘジルの墓とゼカルヤの墓と呼ばれるものもある。ヘジルの墓は崖《がけ》の岩盤を彫って、古代ギリシアの神殿のようなファサードを作ったものである。岩壁に刻まれた銘文から祭司ヘジルの家族の墓とされる。祭司ヘジルはダビデやソロモン時代の人として聖書に名前があるが（歴代誌上二四：一五）、墓は紀元前二世紀の建造と考えられているので、それとは時代が違いすぎる。またゼカルヤの墓は、四角錐の屋根を持つ建物形の石柱を残し、周囲の岩盤を削り取って作られている。建造の年代は、紀元一世紀と考えられている。ゼカルヤは後でも述べる祭司ヨヤダの子ゼカルヤのことで、ヨヤダはダビデの町に葬られたと書かれているが（歴代誌下二四：一六）、ゼカルヤがどこに葬られたかは書かれていないし、時代的にも実際には関係がない。切り立った崖の岩盤を彫り込んで建物を作る技術は、ヨルダンのペトラ遺跡の建築群と似通っている。

ダビデの塔

エルサレムの西の端、ヤッフォ門の南側に、城壁の内側に組み入れられた大きな城砦《じょうさい》がある。ヤッフォ門からエルサレムに入る人は、すぐ横にこの城の高い壁が立っているのを見る。ダビデの塔と呼ばれるが、有名なダビデの名前を使っただけで、明らかにダビデ本人と実際の関係はない。

この城砦の南北の長さは一三〇メートルほど、東西の幅は約五〇メートルである。周囲は堅固な壁で囲まれている。軍事施設の常として、この城砦は何度も破壊されては作り直された。ヘロデ王の宮殿は、このダビデの塔の南側にあった。宮殿には三本の塔があり、それぞれヘロデの兄ファサエル、妻マリアムネ、友人ヒッピクスの名をつけて呼ばれていた。七〇年のユダヤ戦争でローマ帝国がエルサレムを陥落させたが、そのときにも塔は残った。戦後はその場所にローマ軍が駐屯した。四～五世紀以後、巡礼が訪れるようになると、その塔はそこからダビデがバト・シェバの入浴をのぞき見た場所として語られるようになったらしい。

十字軍時代にはこの城砦の南側の、昔はヘロデの宮殿があった場所に、エルサレム王国の宮殿が作られた。その時代にも、この城砦は重要な軍事拠点として強化されただろう。しかしそれもサラディンによって壊された。現在は、一三一〇年にマムルーク朝のスルタンであるナースィル・ムハンマドが作ったものに加えて、一六世紀のオスマン帝国のスレイマン一世が増強した部分が残っている。一七世紀に、この城砦の中にモスクが建てられた。一九世紀に巡礼が増えると、今度はそのモスクに付随した高いミナレット（尖《せん》塔《とう》）が、ダビデとバト・シェバの物語に結びつけられた。このエロチックな物語は、よほど人々に気に入られたのであろう。美術作品の主題としてもよく取り上げられる。

ダビデの塔内部

コナン・ドイルがシャーロック・ホームズの小説を書いたのは、一九世紀の終わりから二〇世紀はじめにかけてであるが、その一作「背中の曲がった男」（一八九三年）で、この物語が謎解きに登場する。あらすじはこうだ。イギリスの軍人ジェームズ・バークリー大佐が自宅で謎の死をとげる。その直前に夫人

レンブラント「バト・シェバの入浴」（1654年、ルーヴル美術館）。バト・シェバはダビデ王からの手紙を手に、召使いに足を洗わせながら物思いにふける

が大佐と口論をして「デーヴィッド！」と言っていたという証言があったので、デーヴィッドという男が関係者であろうとホームズは推理した。ところが捜査を進めると、大佐の死因は背中の曲がった老人を見たためにショックを受け、脳溢血《のういっけつ》の発作を起こしたことだった。その老人の正体は、かつての大佐の部下で、独身時代の夫人と恋仲だったヘンリー・ウッドだった。彼はインドで危険な任務についたとき、夫人に横恋慕していた大佐にだまされて敵の捕虜となり死んだと思われていたが、不自由な身体になりながらも生きのびて三〇年ぶりにふたりの前に現れたので、大佐は激しく動揺したのだった。殺人ではなかったと判明して事件が解決した後、「結局デーヴィッドとは誰だったんだ」といぶかる親友ワトソンに、ホームズは自嘲《じちょう》気味に説明した。夫が隠していた過去の真相を知った夫人は大佐に向かって、あなたが部下を死地に追いやって自分と結婚したのはまるでダビデ、つまり英語でデーヴィッドDavidのようだと責めたのだ、バト・シェバのことは確か「サムエル記」に載っていたはずだが自分の聖書の知識もさび付いて

しまったなあ、と……。当時のイギリスでこれがトリックの種明かしになる程度に、ダビデのことはすぐには思いつかないが、しかし言われればなるほどとわかるというものだったらしい。

ダビデの塔に話を戻すと、イギリス統治時代にダビデの塔は軍事基地としての役割を終え、美術の展示会場やコンサート会場としての使用が始まった。現在では中道的な非営利団体、エルサレム財団が運営するダビデの塔博物館となり、観光と文化のための施設として大いに活用されている。広い城内を見て歩くこともできるし、その中にある建物は資料の展示に使われ、古代から現代までのエルサレムの歴史がたくさんの模型やパネル展示を使って説明される。最初期のエルサレムを示す模型から、二〇世紀前半のエルサレムの写真などまであって興味深い。屋上の展望台からは、眼下の旧市街はもちろん、東のオリーブ山から西の新市街までを見渡すことができる。中庭には座席が設けられており、夜暗くなってから建物の外壁を利用した「音と光のショー」というプロジェクションマッピングのショーがおこなわれ、観光客に人気がある。

神殿の丘

神殿の丘は、ダビデの町の北側に続く丘である。現在、神殿の丘は高い垂直の擁壁で囲まれている。南北は約四八〇メートル、東西は約三〇〇メートルで、擁壁の地上からの高さは、西側の壁で二〇メートル近い。北では周囲の地盤が高くなるので、壁はもっと低くなる。丘の上

南西から見た神殿の丘。右奥のドームはアル・アクサ・モスク

は平らで、四角い大きなプラットフォーム状になっている。この部分の歴史を追ってみたい。

先述のようにエルサレムに住むようになったユダヤ国王はダビデだが、そのときには神殿の建築物はなかった。ダビデは契約の櫃をエルサレムに運んで天幕の中に置き、高台で神への祭儀をおこなっていたと書かれている。その子ソロモンに王権が委譲され、ダビデが没した後、ソロモンは神殿を建てた。これが「ソロモン神殿」あるいは「第一神殿」と呼ばれる建物である。

ソロモンはティルス（現レバノン）の王と交渉して木材を調達し、国内から人員を徴用して、神殿の建築にあたった。聖書によると、神殿は石で作られ、内側の壁や天井はすべてレバノン杉でおおわれて、ひょうたんと花模様の浮き彫りで飾られていた（列王記上六：一八）。神殿の奥の内陣に、モーセが神から与えられた十戒の石板をおさめた契約の櫃が安置されて、その前に祭壇が置かれた。内陣と祭壇は金でおおわれていた。内陣には、オリーブ材で作られ金でおおわれた二体の天使ケルビムが置かれた。神殿の高さは一三・五メートル（三〇アンマ。一アンマを四五センチメートルとする）、間口が九メートル、奥行きが二七メートルだった。神殿の中には高さ八メートルの青銅の柱や、青銅の台車、金の燭台や祭具などが置かれた。神殿の建築には七年間かかった。ソロモンはその隣に、一三年間かけて宮殿も建設した。宮殿も石とレバノン杉で作られ、神殿よりさらに大きかった。この神殿と宮殿の豪華さについては、聖書にくわしく書かれている（列王記上六〜）。この記述はソロモン神殿が存在していた時代に書かれたものではないから、真に受けることはもちろんできないし、確かなことはほとんどわかっていない。しかしその後の人々はこれを偉大なる栄光の証と考え、ソロモン神殿はすばらしい建築物の代名詞とされるようになった。先述のように父ダビデが少年時代にゴリアトを倒したとき、ユダヤの軍隊はろくに武装もできていなかったのだから、二世代でここまで発展したとすれば目を見張る急成長である。

紀元前五八七年に新バビロニア王国のネブカドネザル二世はエルサレムに侵攻し、町を包囲した。翌年エルサレムは陥落し、神殿や宮殿も町も破壊された。それだけではなく、多くの人々がバビロンへ連れて行かれた。ソロモン神殿の栄華とその喪失は、その後のユダヤ民族の歴史観の根底をなすものとなったし、ユダヤ人以外の間でも、歴史的な民族の悲劇として語り継がれた。ちなみに、一八四二年に初演されたヴェルディのオペラ「ナブッコ」はバビロン捕囚を題材としており、ナブッコとはネブカドネザル王のことである。

バビロン捕囚から約五〇年後の紀元前五三九年、ペルシア王キュロス二世はバビロニアを滅ぼした。ユダヤ民族のバビロン捕囚が終わったばかりか、キュロス二世はソロモン神殿の祭具などを返還し、神殿の再建をうながした。こうしてエルサレムに再び神殿が建設された。完成したのは紀元前五一五年頃で、ソロモン神殿が破壊されてから約七〇年後になる。この神殿は第二神殿と呼ばれる。第二神殿はソロモン神殿の基礎を保って再建され、祭具も元の場所に戻されたと聖書には書かれている（エズラ記六～）。元の通りになったということを強調したかったのだろう。

ローマ時代のユダヤの王ヘロデは、この神殿を大々的に建て直した。ヘロデは、「現在の神殿はソロモンの第一神殿より小さいが、それはペルシア王キュロスが小さくさせたせいである。またヘレニズム時代の国王のために神殿復旧の機会がなかった。しかし今は自分が支配者で平和が続きローマとも親しいので、欠陥を直して神に感謝を捧げたい」と、ユダヤ人の民族意識に訴えかけるアジ演説をした。その計画があまりにも壮大で、人々は実現するかどうか危惧《きぐ》したので、ヘロデはすべての資材を用意し、石工や大工の訓練をおこなってから建設に着手したとヨセフスは書いている（ユダヤ古代誌XV－九）。工事は彼の治世の一八年目、紀元前二〇年頃に始まったらしい。

ヨセフスによると、神殿は白い大理石で作られ、凸型に中央が高くなっていたという。非常に大きな建築だったようだが、正確な大きさについては記述がややこしくてよくわからない。ヘロデは、この神殿を四列の柱列の広々とした回廊で囲んだ。回廊の天井は、いろいろな文様の木彫で飾られていた。回廊全体が囲んでいる広い庭は第一の庭（異邦人の庭とも呼ばれる）で、そこから階段で結ばれたところに内庭（イスラエル人の庭）があり、ユダヤ人以外の入場は死をもって禁じられた。その中に男子だけが入れる庭（男子の庭）があり、さらにその奥に祭司だけが入れる庭（祭司の庭）があった。この祭司の庭の中に至聖所があって、祭壇が置かれ、燔祭がおこなわれた。神殿の丘を石造りの擁壁で囲み、上を平らにしたのはソロモンであるとヨセフスは書いているが、現在の高い擁壁と広い範囲は主にヘロデの工事によるものだった。

イスラエル博物館にある、ヘロデ時代のエルサレムの復元模型。高い壁で囲まれたところが南から見た神殿の丘で、その中の一番高い建物が神殿。丘の上のもっとも手前の横長の建物は王の柱廊。神殿の丘から西（左）に向かって橋のような通廊が延びている。後方の4つの塔があるところはアントニア要塞

神殿の丘の南側にある大きな門からは、階段が枝分かれしながら壁の下に通じていた。また、西側の門からは高い高架橋になった通廊が西に延び、旧市街を横切って西端にあったヘロデの宮殿までつながっていた。この通廊の、神殿の丘から突き出た部分は現在も残り、その上や両側に建物が積み重なるように建てられている。ヨセフスは工事にあたった人の人数などを述べているが、すべてにおいて大げさに書く人なので、数字についての信憑性《しんぴょうせい》はとぼしい。

　こうしたユダヤ教の強化策の一方で、ヘロデはローマにおもねるような政策も推進した。エルサ

ティトゥスの凱旋門の浮き彫り。エルサレム神殿から略奪したメノーラー（七枝の燭台）を運ぶローマの兵士たち

レムには劇場や円形競技場が作られ、カエサルをたたえる運動競技会が五年ごとに開かれて、優勝者は賞金を与えられた。またローマの闘技場でおこなわれたような、動物同士や動物と人間の戦いの見世物もおこなわれた。このようにして、ローマの文化をエルサレムに導入することに、厳格なユダヤ人は眉《まゆ》をひそめた。

前述のように、その後ユダヤ人はローマ帝国に対して反乱を起こした。ローマ軍とユダヤ軍の戦いは長く続いたが、司令官ティトゥスは紀元七〇年にエルサレムを陥落させ、ヘロデの建てたこの神殿は破壊された。ローマのフォロ・ロマーノにあるティトゥスの凱旋門《がいせんもん》の内側には、ユダヤ教の宝物であるメノーラー（七枝の燭台）を略奪して運ぶローマ兵の姿が浮き彫りにされている。もともと神殿の一番の宝物は契約の櫃だったが、このときまでに契約の櫃はすでに失われていたと思われる。

その後の神殿の丘の様子については、ヨセフスはもうエルサレムを離れたので書いていないし、他にも確かな史料はない。ローマ皇帝ハドリアヌスは一二九年から一三一年の間にエルサレムに来た。彼は建築好きの皇帝であり、帝国中を回って行く先々で建築活動を繰り広げていた。前述のように、彼はエルサレムをアエリア・カピトリナという名前に変えた。神殿の丘には、ハドリアヌスの彫刻とユピテルの彫刻が立てられた。ハドリアヌスがギリシア・ローマ宗教を神殿の丘に導入したことは、ユダヤ人たちを憤激させた。そのため、シメオン・バル・コクバが反乱を起こし、平定までには三年かかった。ユダヤ人は、エルサレムに入ることを禁じられた。その後の神殿の丘についてはあまりよくわからない。ハドリアヌスは、彼らのしぶとさに手を焼いたに違いない。ユダヤ人は、ゲルマン人のように広大な地に住んでいるわけでもなく、ローマ帝国の中で自治を認められていた一民族にすぎない。それがここまで決死の戦いを挑むのか、という思いがあったのではないだろうか。

コンスタンティヌス帝がキリスト教を公認した後、まもなくエルサレムではいくつかの教会が作られたが、神殿の丘の上がすぐに変わった様子はない。三三三年にボルドーの巡礼がここに来たとき、「ハドリアヌスのふたつの彫像」がまだあった。彼は、ハドリアヌスとユピテルの彫像か、あるいはハドリアヌスと別の皇帝の彫像を見て間違えたかもしれない。ヒゼキア王の家とされるものもあった。またソロモン神殿のいくつかの部屋があったと、彼は書いている。ただし、ソロモン時代の神殿そのものではなく、ヘロデの神殿の壊れ残った部分であろう。神殿の丘には塔があった。塔については他にも記録があり、南東の端にあった。それは悪魔がイエスを試した場所とされた。イエスは洗礼者ヨハネから洗礼を受けた後、荒れ野で四〇日間断食をして修行した（マタイの福音書四、ルカの福音書四）。すると悪魔が現れ、空腹ならお前は神の子なのだから石がパンになるように命じたらどうかと言った。イエスはそれに対して、「人はパンのみにて生きるのではない。神の言葉で生きるのだ」と言った。この言葉は一般にもよく知られている。次に悪魔は、イエスをエルサレムに連れて行って神殿の屋根の端に立たせ、神の子ならここから飛び降りても天使が支えてくれるだろうと言ったが、イエスは「神を試してはならない」と答えた。このときイエスが登ったのがこの塔というわけである。

神殿の祭壇の前だった場所には、ザカリアの血痕《けっこん》がついた大理石というものもあった。紀元前九世紀のユダの王ヨアシュの時代に、人々は西アジアの神アシェラを信仰し偶像を崇拝したため、祭司ヨヤダの子ゼカルヤは主の戒めを破るなと説いたが、神殿の庭で王の命令を受けた人々に石で打ち殺された（歴代誌下二四：二〇）。そのとき流された血がこれである。旧新約聖書にザカリア（またはゼカリア、またはゼカルヤ）という人は多い。「マタイの福音書」（二三：三五）では、イエスは神殿で人々に教えを伝える中で、預言者は昔から迫害を受けてきたと述べ、その例として「聖所と祭壇の間で殺されたバラキアの子ゼカルヤの血」をあげている。このイエスの言葉では、祭司ゼカルヤが旧約聖書「ゼカリヤ書」を書いた預言者ゼカリヤと混同されているのだが、福音書が書かれた当時一般的にそう思われていたのか、それともマタイが間違えてこう書いたのかはわからない。さらにこのゼカリヤは洗礼者ヨハネの父で祭司だったザカリアとも混同されたと思われ、ヘロデが東方の三博士から救世主が生まれたと聞いてベツレヘム周辺の嬰児《えいじ》を殺したとき、ザカリアは自分の子がどこにいるかヘロデに聞かれたが答えようとしなかったために殺されたと「ヤコブの原福音書」には書かれている。塔にしても「ザカリアの血痕」にしても、ユダヤ教の聖域にキリスト教の解釈をほどこしていったようである。

三一三年のコンスタンティヌス帝のミラノ勅令は、すべての宗教の信仰の自由を認めるというもので、つまりユダヤ教も認められた。その後キリスト教が広まっていくが、三六一年から三六三年まで皇帝になったユリアヌスはキリスト教の台頭を嫌い、古代宗教を振興しようとしたため、キリスト教側からは「背教者」と呼ばれる。ユリアヌスは、エルサレムではユダヤ教徒を後援した。しかしユリアヌスの治世は短期間であり、神殿の丘では大規模な造営はなされなかった。

次に神殿の丘の上が大きく変わるのはイスラム教の統治下、岩のドームなどが建てられたときであるが、それについては後の章で述べたい。

嘆きの壁と西の壁トンネル

嘆きの壁は、ユダヤ人の聖地として有名である。どれほどエルサレムに無関心な人でも、この名前は聞いたことがあるだろう。ここは、いつ頃からどういう過程をへてユダヤ人の聖地になったのだろうか。

嘆きの壁は、神殿の丘を囲む擁壁の一部分である。高く垂直にそびえ立つ擁壁は、主にヘロデが作ったものである。東の壁はそのままエルサレム旧市街の外壁になっている。西の壁は市街地の方を向いた側面で、全長は五〇〇メートル近くになる。ヘロデが壁を建設したときには、壁沿いに南北方向の道路が敷設されていた。しかし長い歴史の間に壁のすぐ近くまでぎっしりと建物が建てられ、壁全体を見られるところは少ない。

これまでにも述べたようにユダヤ人は、ハドリアヌス帝によってエルサレムに入ることを禁じられたり、ユリアヌス帝から援助を受けたり、その後のビザンティン皇帝によってまた排斥されたりというように、その地位はきわめて不安定なものであった。六一四年にペルシアがエルサレムを占領した後、ユダヤ人は神殿の丘で祭儀をおこなえるようになった。しかしそれはわずか一〇年あまりの短い間で、神殿を再建するにはいたらず、六二九年のヘラクレイオス帝の再占領後、ユダヤ人はキリスト教徒からまた迫害を受けた。アラブがエルサレムを奪取した後は、神殿の丘の上にモスクが建てられイスラム教の聖地になった。十字軍の時代にはキリスト教徒が、その後はまたアラブ人がエルサレムを占領した。イスラム教勢力とキリスト教勢力にはさまれて、ユダヤ人は故郷エルサレムで弱小勢力となっていった。トゥデラ（現スペイン北東部）のユダヤ教の祭司だったベンヤミンは、地中海沿岸から西アジア、エジプトを広く旅行し、十字軍時代の一一六七年頃にエルサレムも訪問した。彼は各地のユダヤ人の居住実態に関心を持っていて、エルサレムにはギリシア人（ビザンティン人）、フランク人（西欧人）、シリア人、ジョージア人などあらゆる言語の民族が住んでいるが、ユダヤ人は二〇〇人が王に地代を払ってダビデの塔のところに住み、染色の仕事に従事していると記録している。

一〇〇〇年前後にパルティエルの子サムエルというユダヤ人は、嘆きの壁の聖域で祭壇のための油を購入したと記述している。これは「嘆きの壁」という名前が出てくる早い例だが、しかしその場所が正確にどこにあたるのかはわからない。トゥデラのベンヤミンは、主の神殿と呼ばれていた十字軍時代の岩のドームに言及した後、「この前が西の壁で、至聖所の壁のひとつである。これは慈悲の門と呼ばれていて、ユダヤ人たちは皆ここに来て神殿の中庭の壁の前で祈る」と書いている。これは「西の壁」という言葉があり具体的な記述のようだが、「西の壁」が神殿の丘の擁壁のことを言っているのか、それとも丘の上にあった神殿の残っていた壁のことなのかがわからない。その上、「慈悲の門」という呼び名は神殿の丘の東の壁にある黄金門の二連アーチのうち南側の扉を指すので、ベンヤミンが何かを間違えていると思われ、この文章はうまく理解することができない。彼はその後で、ヨシャファトの谷が同胞（ユダヤ人）が集まる場所だとも書いているので、東の壁がユダヤ人にとっての聖地だったのではないかとする見方もある。

その後、オスマン帝国のスレイマン一世は、神殿の丘を囲む擁壁の南西部分の下をユダヤ人が祈るための場所として開放し、ユダヤ人はそこに祈りに来るようになった。スレイマン時代の大建築家ミマル・シナンによって、ユダヤ人のための礼拝所も建てられた。これが、現在の嘆きの壁の場所がユダヤ人の聖地となったことを明らかに示す記録である。壁の上にはもはやユダヤ教の神殿はないのだが、ここが神殿の至聖所にもっとも近いところと信じられるようになった。ただし、ユダヤ人に「不幸な運命のため悲嘆に暮れる民族」という性格を与えて、ここを「嘆きの壁 Wailing Wall」と呼び習わすようになったのは近代のヨーロッパ人たちである。日本ではそれがすっかり定着しているが、イスラエルではこの呼び方をせず「西の壁」と呼んでいるし、世界的にもその方が一般的になっている。本書では日本の慣習に合わせて嘆きの壁と呼んでおく。

聖地となってからも、西の壁の前はムグラビ地区（モロッコ人地区）と呼ばれてイスラム教徒の民家やモスクが建っており、壁と民家との隙間《すきま》は幅四メートル足らずで狭い道一本分しかなかった。一八八七年にはロスチャイルド家が付近の土地を購入してスペースを広げようとしたが、土地を持っていた住民の抵抗が大きくてうまくいかず、その後もユダヤ系資本などが購入を試みたが交渉が成立しなかった。オスマン帝国統治からイギリス委任統治時代になった後は、祈りのために集まって来るユダヤ人とそれを敵視するアラブ人の対立が一段と険悪になり、イギリスが治安維持の能力を欠いていたこともあって、ここは紛争の勃発する地点となった。

一九二九年には嘆きの壁での衝突が発端になり、テルアビブやヘブロンなどの都市にも飛び火して、ユダヤ人とアラブ人双方にそれぞれ一〇〇人以上の死者が出る事態となった。一九四八年のイスラエル建国と第一次中東戦争以後、エルサレム旧市街はヨルダンの統治地域となり、ユダヤ人はここに来ることはできなくなった。ユダヤ人にとっては、これが最悪の状況であっただろう。イスラム教では、後述するムハンマドの夜の旅のときにこの壁に天馬ブラークをつないだという伝承があったので、「ブラークの壁」という標識が掲げられた。

一九六七年の第三次中東戦争（六日間戦争）で、イスラエル軍はエルサレム旧市街を奪取した。その後すぐ、イスラエルはこの壁の付近にあった民家をブルドーザーで強制的に撤去した。住民がまだ家に住んでいる間に撤去作業を強行したため、死傷者も出た。また壁の手前の地面は約二メートル掘り下げられた。その結果嘆きの壁の前は、現在のような大きい広場になった。メディアなどで、嘆きの壁とその上の岩のドームが見える写真がエルサレムのアイコンのようになっていることが多いが、現在のこの壁の景観はそのとき以後に生まれたもので、意外と新しい。

現在、ユダヤ人の祈りの場となっている壁は、幅五〇メートルあまりの部分である。その手前は奥行き数十メートルの大きな広場になり、敷石で舗装され、「西の壁プラザ（広場）」と名づけられている。ここでの壁の高さは地上から一九メートルになるが、地面の下に埋まっている壁が高さ一三メートル分あるという。大きな四角い切石が、ほとんど隙間なく精密に積み上げられている。石積みは、地下に埋まっている一七段分と地上に出ている七段目までがヘロデ時代のものである。その上、八段目から一一段目まではイスラム統治が始まった七世紀で、神殿の丘の上に岩のドームが作られたのと同時期と考えられている。それより上の部分では、石のブロックがずっと小さくなっている。これはオスマン時代以後に、モーゼス・モンテフィオ

西の壁プラザ。フェンスの手前が女性用、向こうが男性用のスペース。右側の壁が嘆きの壁で、奥はヘロデの宮殿への通廊。壁の角の近くにあるアーチの開口部がウィルソンのアーチ

ーレなどが積ませたところである。モンテフィオーレはイタリア生まれのユダヤ系イギリス人で、銀行業や都市ガスの供給などにより一代で財をなし、その財力を使ってエルサレムに住むユダヤ人支援の活動に尽力した人だった。彼が旧市街の外に作った製粉工場のための風車は、再建されて記念碑となっている。

　ユダヤ教の信者は、女性は右側、男性は左側に分かれ、嘆きの壁の前に進み出て、壁に手を当て、顔をつけて祈りを捧げる。壁に向かって椅子《いす》に座り、本を開いて祈りの言葉を読む人たちもいる。神への願いなどを書いた紙を、石と石の隙間にはさむ、というより隙間はほとんどないので詰め込む習慣がある。壁の前では、女性はスカーフで髪をおおい、男性は帽子をかぶる決まりになっている。ユダヤ教超正統派の人たちは大きな黒い帽子をかぶっているが、一般の人はキッパという小さな帽子をかぶる。嘆きの壁の様子は、ウェブカメラで一日二四時間世界中に配信されている。

　嘆きの壁広場の北側、壁に向かって左側には、壁自体と同じくらいの高さの石造の構築物がある。この石積みは神殿の丘の上から西に向かってヘロデの宮殿に続く巨大な橋のような通廊

で、ローマ時代の水道橋のように下部にアーチが並んだ構造である。現代までに、その上にも建物が増築されている。一九世紀中頃に、ダビデの町の調査を手がけたイギリスの考古学者ウォーレンやチャールズ・ウィルソンは、神殿の丘も調査しようとした。しかしオスマン帝国は丘の上の発掘を許可しなかった。そこで彼らは壁の外側に深い縦穴を掘って、構造の解明を試みた。通廊の下を通り抜けるアーチの開口部が一八六〇年代に発見され、報告者の名前を取って「ウィルソンのアーチ」と呼ばれている。ウィルソンのアーチは、一九世紀には完全に地面の下に埋まっていたようだ。その後、西の壁プラザの地面が掘り下げられたため、現在はアーチの上端が地上に顔を出している状態である。その奥には西の壁の続きに沿って広々としたトンネル状の空間があり、そこも整備されて祈りの場所となっている。

ウィルソンのアーチの中にあるスペース

一九六七年以後は、西の壁やウィルソンのアーチ付近のもっと深い地下の調査がさらに進められた。その結果、西の壁の外側には、ヘロデ時代以前からハドリアヌス時代、イスラム統治時代にかけて大小の建造物や貯水槽などが何度も作り直されては、厚く積み重なっていることがわかった。イスラエル政府系の「西の壁遺産

西の壁トンネルの見学コース。西の壁の、地下に埋まっている部分

財団」の運営により、この地下は予約制、ガイドつきで公開されている。いくつか見学コースがあるが、ウィルソンのアーチの近くから入場し、西の壁の基部に積み上げられた巨大な切石や、第二神殿時代の街路や、ローマ時代の貯水槽など、町の地下深くに最近まで眠っていた古代の世界を見ることができる。

城壁

現在見られるエルサレムの城壁は旧約聖書時代に作られたものではないが、エルサレムの町を語るに欠かせないものとして、町の外形をなす城壁と門についてもここで説明しておきたい。エルサレムの旧市街は、多くの古代・中世都市と同様、城壁で囲まれている。エルサレムは高低差の大きいところで、神殿の丘の東側、オリーブ山との間はキドロンの谷が南北に走っている。またヒンノムの谷が西から南へと回り込み、そこも低くなっている。南側の谷底はゲヘナと呼ばれ、地獄の代名詞とされた。エルサレムの町は、その後も東、西、南へはそれを越えて広がることはなかった。北側だけがほぼ同じ高さで城壁外に続いていく。旧市街の中でも、前述のように東側の神殿の丘と西側のシオンの丘が高く、中央部は低い。テュロポエオンの谷という名もあり、谷というのは大げさとしても、街路を歩いているとかなりのアップダウンがある。六世紀のビザンティン帝国の歴史家プロコピオスは著書「建築」の中で、エルサレムの町は丘陵の上にあって起伏が大きく、はしごを登るように上り下りしなければならないと書いている。彼はエルサレムから一〇〇キロほど北の海岸部の町カイサリア・マリティィマ出身なので、エルサレムのことはよく知っていたはずだ。昔の町は敵からの防衛のため山上に作られることが多いが、ビザンティン帝国中を回ったプロコピオスをしてもそう言わしめるほど傾斜が強いのが、エルサレムの地形の特徴である。

先に述べたように、ダビデはエブス人の町を攻略してそこを自分の町としたが、その場所は現在のエルサレムの城壁より外の少し南側なので、現在の城壁とは結びつかない。ソロモンは、そこから北に進み、現在の神殿の丘の場所に神殿を建てた。その東の壁は現在の東壁とほぼ同じ場所であった。ソロモンの時代には、神殿の丘とダビデの町の狭い範囲だけが城壁で囲まれていたらしい。その町は紀元前五八七／九年にバビロニアのネブカドネザル王によって破壊された。

ペルシアのキュロス二世がバビロニアを滅ぼしてユダヤ人たちが故国へ戻った後、エルサレムの町も再建された。ペルシア王に仕えていたユダヤ人ネヘミヤは王に城壁再建を願い出、エルサレムにおもむいて城壁や門を建設した。このことについては、旧約聖書「ネヘミヤ記」にくわしく述べられている。その後、紀元前一世紀のヘロデ王の時代にかけて、城壁と町は拡充

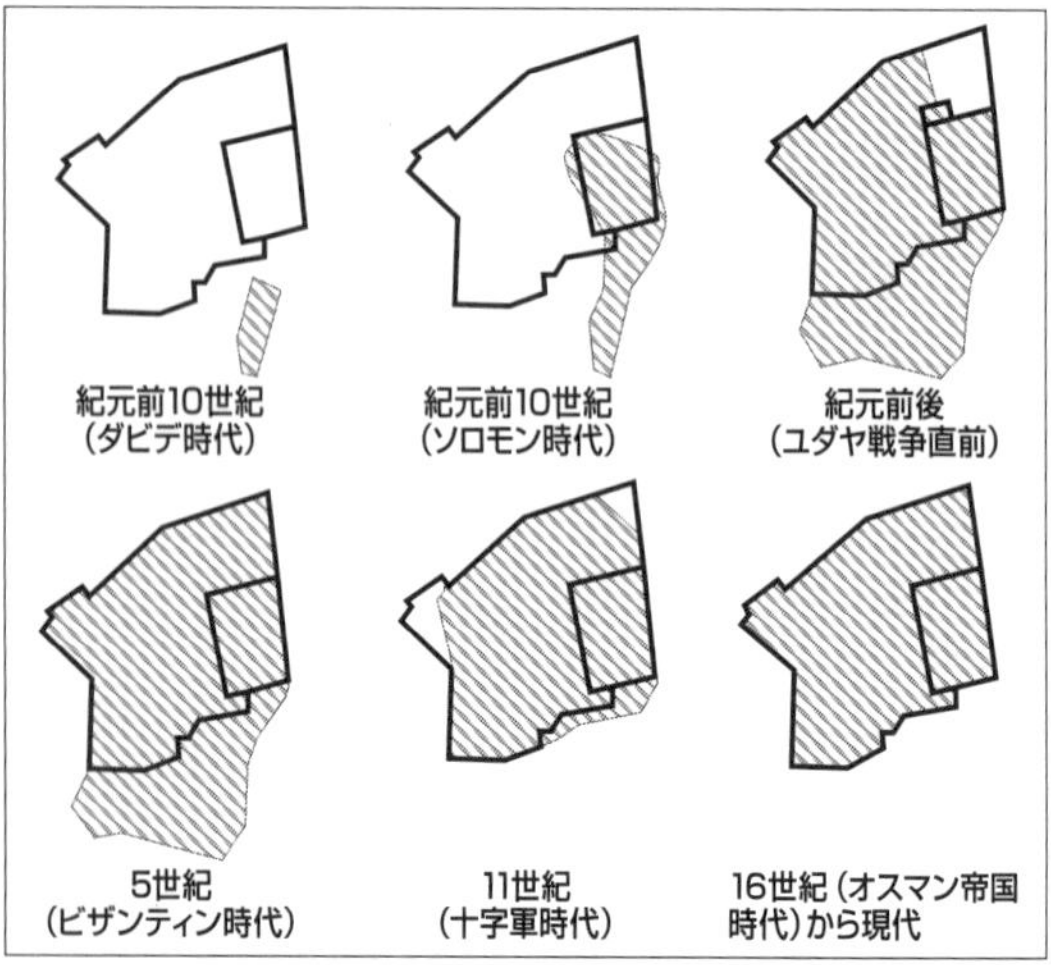

エルサレムの城壁
実線が現代の城壁、斜線部がそれぞれの時代の町の範囲

された。東と西の端は現在の城壁と同じ位置で、南側はダビデの町の南端のシロアムの池からシオンの丘にかけての広い部分を城壁が囲んでいた。北側でも現在の城壁のところまで町は広がった。

ユダヤ戦争の後、ハドリアヌスはエルサレムをアエリア・カピトリナとして再建したが、城壁はハドリアヌスのときより遅れて、三世紀終わりに作られた。その城壁の場所は、現在とほぼ同じ場所だったと考えられている。またそのときの城壁の一部は、現在の城壁の土台として残っている。五世紀中頃にはビザンティンの皇妃エウドキアによって、シオンの丘からシロアムの池にかけての南斜面も大きく城壁で囲まれた。

七世紀の前半、六一四年にビザンティン帝国からペルシアがエルサレムを奪い、六二五年にビザンティン帝国が奪い返し、それを六三八年にイスラム教のアラブ人が奪った。この時代、建築物は被害を受けたが、城壁の位置が大きく変わった様子はない。ただし一〇九九年からの十字軍時代には、南斜面を囲む城壁は放棄された。その後、一二一九年にアイユーブ朝の統治下では、城壁の大部分が撤去された。十字軍がまたエルサレムを奪取することがあれば、城壁が軍事的な脅威になると思われたからである。

オスマン帝国のスレイマン一世は一五三七年から一五四一年頃にかけて、ローマ時代と同じ位置に城壁を再建した。これが現在見ることができる城壁である。城壁の高さは、場所によっても変わるがだいたい数メートルから一〇メートル余りで、東や西の側面は谷から見上げる形になるので、もっと高く見える。上部には通廊があり、敵が攻めてきたときにはそこに守備側の兵士が上っ

外側から見たエルサレムの城壁（西側）

城壁の内側（シオン門付近）

て、矢狭間《やざま》から反撃することができるようになっている。
城壁の内部の旧市街では、住民は民族によって分かれて住んでいる。北西はキリスト教地区、北東はアラブ人地区、南西はアルメニア人地区、南の中央部はユダヤ人地区である。南東は神殿の丘で住民はいない。同じ街路を歩いていても、途中で地区が変わると別の国に来たかと思うほど雰囲気が違う。

門

城壁の門もオスマン時代に作られて、現在も残っているものが多い。一九世紀末まで、門は日の出とともに開けられ日没とともに閉じられた。

［ヤッフォ門］

西側の壁にある門は、ヤッフォ門と呼ばれる。現在のテルアビブの港町ヤッフォ（英語の慣用はジャッファ）に向かう出入り口だった。この門の南側には、前述したダビデの塔がある。十字軍時代にはダビデ門とも呼ばれていた。オスマン時代のヤッフォ門は、北側から城壁沿いに入り、左に直角に曲がって市内に入る小さな門であった。この門も残っているが、あまり目立たない。その南側、ダビデの塔との間が大きく開いていて、現在では西の方から旧市街にまっすぐ入れるメインの通行路になっているからである。この開口部は、一八九八年にドイツ皇帝ヴィルヘルム二世が訪れたときに馬車に乗って入れるよう、オスマン帝国のスルタンの命令で開けられたものである。門のすぐ内側にあるニュー・インペリアル・ホテルはそのときにヴィルヘルム二世が宿泊した歴史的なホテルで、現在も営業している。

一九四九年の第一次中東戦争停戦後、エルサレム旧市街はヨルダン、新市街はイスラエルの統治下に入り、城壁の西側が無人の緩衝地帯となった。一九六七年にイスラエルが旧市街を奪取してからは、西の新市街と旧市街を結ぶこの場所が重視された。新市街の方向から来ると、このヤッフォ門が正門のような位置になる。城壁に沿って広い自動車道路が走っているが、おしゃれなショッピングモールを通り、道路の上をまたぐ幅広い橋をわたって、旧市街に入る。

ヤッフォ門（左側）と開口部（中央）

新門と城壁の外を走る路面電車

［新門］

ヤッフォ門から時計回りに順に見ていくと、北西の角付近に新門がある。これはもっとも新しく作られた門で、スレイマン時代ではなく、オスマン時代後期の一八八九年に作られた。キリスト教地区の端にあり、出るとすぐ前は路面電車が走る道路になっている。一九四八年から一九六七年の間は、この門は封印されていた。内側、外側ともにキリスト教の施設が多い。

ダマスカス門（外側）

ダマスカス門（内側）

［ダマスカス門］

北側の壁をもう少し東に行くと、ダマスカス門がある。現シリアのダマスカスへ向かう門である。この場所の門も古くからあり、ローマ時代にもここに大きな門があった。現在の門の地下にその構造が残り、公開されている。五世紀、エウドキアの住む宮殿はこの門の近くにあった。キリスト教の最初期、ペトロの弟子ステファヌス（またはステファノ）がエルサレムで宣教したがユダヤ人に門外へ連れ出されて石で打たれて殺されたという記述が新約聖書の「使徒言行録」にあり、十字軍時代はこの門がそれであると考えられたので、ステファヌス門とも呼ばれた。後に、以下で述べる獅

ヘロデ門

子門もステファヌスの伝承と結びつけられるようになった。ダマスカス門は、一九六七年の第三次中東戦争で損傷を受けたため、改築された。外側の地面がかなり高いため、扇形に広がる大きな階段を降りて門に入るようになっている。現在ではこの門の外見がもっとも立派に見える。外から門に入ると、左に直角に曲がり、また右に直角に曲がって旧市街に入る。軍隊の突入を防ぐため、このような構造になっている。この部分では、門の内側も外もアラブ人地区であり、アラブ人にとってはこちらがエルサレムの正門である。

　ダマスカス門の近くには「ゼデキアの洞窟」と呼ばれる、奥行き二〇〇メートルにおよぶ大きな洞窟がある。これは古代から採石場として使われていたためにできた空間であった。ゼデキアは紀元前六世紀のユダ王国の王で、バビロニアが攻めてきたときにこの洞窟を通って逃げようとしたが、出口で捕らえられて目をつぶされバビロンに送られたと言われている。この伝説が生まれたのは、十字軍時代らしい。危険なのでオスマン時代には閉鎖されていたが、一九世紀に再発見された。

［ヘロデ門］

　北壁のもう少し東には、ヘロデ門という小さめの門がある。この門の内側にヘロデ・アンティパスの屋敷があったと考えられていたことから、この名前で呼ばれている。門の上に花模様の浮き彫りがあるので、「花の門」という名前もある。内部はアラブ人地区であるが、巡礼や観光と関係のあるところは少ない。

［獅子門］

東の壁には、獅子門がある。東側には市街地はなく、キドロンの谷から坂道を登って、この門に着く。この門も、他の呼び方がある。イェリコの方角に行く門なので、古くはイェリコ門と呼ばれた。またヨシャファトの谷（キドロンの谷の別名）の方を向いているので、ヨシャファト門という名前もあった。一二世紀頃からはステファヌスの伝承はこちらに移って、現在でもステファヌス門とも呼ばれる。前述のように、現在の城壁と城門を作ったのはスレイマン一世だが、彼はライオンに襲われる夢を見て、夢判断をさせるとエルサレムを再建しないことを神が怒っているという意味だと言われた。それでこの門にはライオンの浮き彫りがあり、獅子門（ライオン門）という名がついた。

獅子門

［黄金門］

東側の壁をもう少し南に行くと、黄金門がある。キドロンの谷から登ってきて、神殿の丘に入る門である。ユダヤ教の信仰では、救世主は東から来て、この門からエルサレムに入ると信じられていた。救世主ともなれば地球規模で人類を救うのだろうとわれわれは思ってしまいがちだが、古代のユダヤ教徒はすばらしい指導者がエルサレムを外国の支配から解放し、そこを首都としてユダヤ人の国を治めるのが救いであると考えていたのである。

現在の黄金門がいつの時代に作られたものか、正確にはわかっていない。ビザンティン式の建築であるため、六世紀のユスティニアヌス帝の時代であるという説もあり、また七世紀にウマイヤ朝のカリフがビザンティンの建築職人に作らせたという説もある。神殿の丘の地面から黄金門へはかなり段差があって低くなっているが、ヨセフスは丘の下に地下道があって、ユダヤ国王が民衆に反乱を起こされたときにはそこから脱出するように

外側（キドロンの谷）から見た黄金門

内側（神殿の丘の上）から見た黄金門

なっていたと書いている（ユダヤ古代誌XV－一一）。
救世主の到来というのは現実的で政治的な問題であったため、スレイマン一世はこの門を石を積んでふさがせた。「偽メシア」と呼ばれるような、救世主を名乗る人に利用される恐れもあり、政治的な不安定さにつながりかねないからである。この門の内部は、二〇一九年以後イスラム教徒には公開されている。

糞門

［糞門］

南側には、糞門《ふんもん》がある。昔、排泄物をここから外に運び出したと言われるところからついた名前で、旧約聖書でもその名前で呼ばれている（ネヘミヤ記三：一四）。スレイマン一世が作ったときには人が通れるだけの狭い門だったが、一九五二年に城壁内に自動車が入れるように、大きく作り直された。旧市街の中は車の通れない狭い道が多いが、ヤッフォ門の南の開口部から入り、西から南の城壁の内側を一方通行で反時計回りに回り、糞門から出て行く道路は比較的広く車が通れる。門の内側にはバス停もある。糞門は神殿の丘の西壁にもっとも近く、その内側はユダヤ人地区になっている。

［シオン門］

南壁のもう少し西には、シオン門がある。旧市街からシオンの丘に出る場所である。古代以来、この場所の城壁は何度も作り直され、この南側のシオンの丘も城壁で囲まれたり、また現在の場所に城壁が作られたりした。現在の門はスレイマン一世によって作られ、一九四八年の第一次中東戦争で損傷を受けて補修された。それでも無数の弾痕《だんこん》が残っている。この門の内側はアルメニア人地区である。シオン門のすぐ外側には、聖母の眠り教会やダビデの墓や最後の晩餐の部屋などの聖地が集まっている。

シオン門

カルド

ローマ皇帝ハドリアヌスは、エルサレムを大々的に再建した。ローマ帝国の都市計画では、町の中心を縦貫する大通りを設けることが多く、南北の大通りはカルド、東西の大通りはデクマヌスと呼ばれた。エルサレムのカルドは、北のダマスカス門を出発点としていた。幅は二〇メートル余りで、道の両側には大理石の列柱が立てられ、両側の建物から深いひさしがはり出していた。この柱廊の外側には商店が並んでショッピングアーケードになっており、大通りに面したところには公共建築物が建てられていたと考えられる。エルサレムの場合、東西方向の大通りはなかったようだが、二本のカルドがダマスカス門から南へ向かって平行に延びていた。

ヨルダンのマダバにある聖ゲオルギオス教会の床に、モザイクで作られた大きな地図がある。一八九六年に床面を発掘して発見された。五四二年から五七〇年の間に制作されたものと考えられていて、エルサレムやベツレヘムや死海から、エジプトのナイル川のデルタ地帯までの部分が残存している。

エルサレムのところには「聖都エルサレム」という地名がギリシア語で書かれている。周囲が楕円形の城壁で囲まれ、町の中には建物が建て詰まった様子が詳細に表される。モザイク地図は東を上にして描かれ、北のダマスカス門の内側には広場があり記念柱が立っている。そこから両側に列柱のあるカルドが町の中央をまっすぐに走る。これが二本あるうちの西のカルドである。この地図はキリスト教が普及してからのものなので、カルドに面して四世紀に建てられた聖墳墓教会や、ユスティニアヌス帝時代（六世紀）に建てられたネア（新）教会がある。地図は都市を真上から見たイメージと建物を正面から見たイメージを折衷していて、カルドの下側にある列柱や聖墳墓教会は上下逆さ向きに描かれている。聖墳墓教会から南西に行ったところの城壁にはヤッフォ門がある。カルドの南端、シオンの丘にもたくさんの教会らしい建物がある。一番大きい建物はシオン教会であろうが、他のものが何かははっきりとは同定できない。ダマスカス門からは東のカルドも出ていて、この地図では上を走り、神殿の丘の近くを通っている。この道からは途中で別の道が分かれて上の方向、つまり東の獅子門に向かう。その途中には聖アンナ教会らしい建物がある。カルドが向かう先の神殿の丘の部分は、モザイクが破損していてどうなっているのかよくわからない。

古代のカルドは現代の道にも影響を及ぼしている。現代の道はローマ時代よりずっと地表が高くなり、道路も狭いが、それでもかつてのカルドの場所を通っている。ダマスカス門から西のカルドを南下すると、アラブ人地区の商店が建て詰まったところをずっと歩いた後、ユダヤ人地区に入る。ユダヤ人地区では、このカルドが一部分、ローマ時代の地表まで発掘されている。昔の街路は、現在の地面より三〜四メートル下である。道路の横には大理石の円柱が二メートルほどの間隔で並び、コリント式の柱頭が載っている。町の中なので、発掘されたのは広い道路の一部分の片側だけであるが、古い美術資料が実景を忠実に描

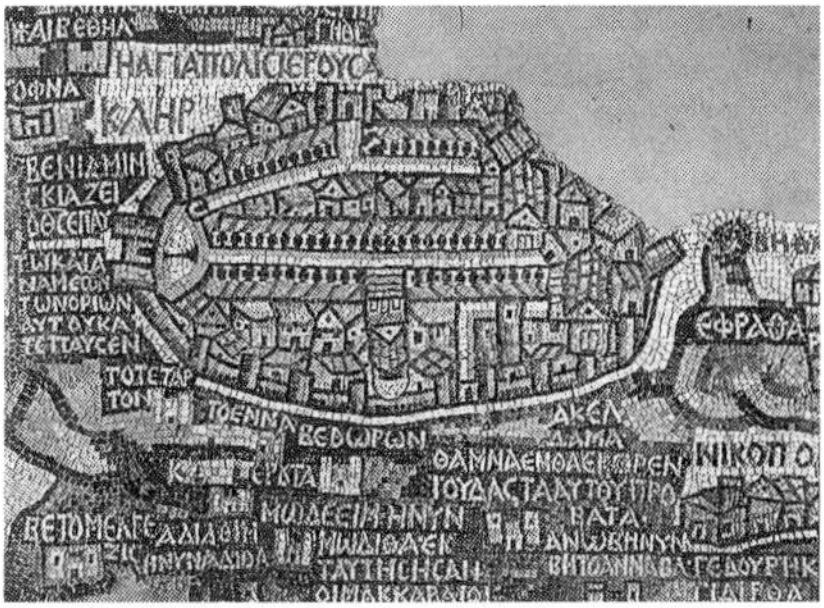

マダバにあるエルサレムの地図（6世紀）

古代のカルドを発掘した場所

いていたことが、発掘調査で実証された例である。

東のカルドを南に向かって歩くと、道は狭くなり、家と商店が連なる。道の上にアーチをかけて建物が建てられているところも多く、上へ上へと積み重なって建設された町の長い歴史が実感として感じられる。それぞれの建物がいつ建てられたかを判定するのは困難であるが、途中で一か所、説明のプレートがついているところがある。綿商人の市場、アラビア語ではスーク・アル・カッタニンという場所で、長さ約一〇〇メートルの屋根のある市場である。マムルーク朝時代の一四世紀に建てられ、両側には店舗が並び、隊商宿や浴場も整備されていた。この市場を通り抜けて行くと神殿の丘の上に通じているが、非イスラム教徒はここから丘に登ることはできず、出口として使えるだけである。この市場の前を通り

綿商人の市場

過ぎ、東のカルドをさらに南へ歩いて行くと、長いトンネルに入る。これは神殿の丘からヘロデの宮殿までの通廊の下を抜けて行く通路である。それをくぐると、西の壁プラザに出る。

第三章　キリスト教とエルサレム①——若きイエスの足跡をたどる

新約聖書

新約聖書はキリスト教の聖典である。イエスの生涯の物語やイエスの教えを書いた「福音書」、イエスが昇天した後の弟子たちの記録である「使徒言行録」、パウロらから各地の信者に宛てて書かれた手紙、そしてヨハネが最後の審判について書いた「黙示録」が新約聖書に収められている。

キリスト教会から「正典」と認められて聖書に入っている福音書は、マタイ、マルコ、ルカ、ヨハネの四人の福音書記者（福音史家）が書いた四つである。これを「四福音書」と呼ぶ。福音書記者はそれぞれイエスの直弟子とされ、「目撃談をまとめた」という形で叙述される。しかしそれは正確ではなく、紀元一世紀の終わりから二世紀のはじめにかけて書かれたと考えられている。

四福音書のうち、イエスの幼年時代についてはマタイとルカのふたつの福音書しか語っていない。また、そのふたつの福音書が述べる内容は異なっている。これは、福音書が書かれたときには、イエスの幼年時代については何も史料が残っておらず、話を作る他はなかったためだろう。「受胎告知」は、マリアが神の子をみごもったと天使が告げるエピソードであり、美術作品のテーマとしてあまりにも有名である。しかしこのできごとについて触れているのはルカだけである。

新約聖書が書かれて最初期のキリスト教徒に読まれるようになると、人々はイエスの母マリアについても、聖書に書かれていないことも含めてくわしく知りたくなったようである。そこでマリアの生い立ちや、さらにさかのぼってマリアの両親についての物語も作られた。いくつかの文書があるが、もっとも広く読まれたのは、「ヤコブの原福音書」である。古い文書だがキリスト教会から正典として認定されていないものを外典と呼び、「ヤコブの福音書」も新約聖書外典のひとつである。書かれたのは二世紀末とされ、四福音書よりももう少し後と考えられている。「原福音書」というのは、福音書の原本になったという意味ではなく、内容が四福音書に書かれた物語よりも前にさかのぼっている、という意味である。

ヤコブの原福音書

「ヤコブの原福音書」の内容はそれほど広く知られているわけではないので、そこに書かれたマリア誕生から受胎告知までの物語を簡単に紹介しておきたい。ヨアキムは非常に裕福な人だったが子がなく、そのため祭の日に神殿に捧げ物をすることを拒否された。ヨアキムは悲しんで荒野へ行き、天幕を張って四〇日四〇夜断食をした。ヨアキムの妻アンナも家で悲しんでいた。すると天使がアンナに現れ、「お前は子を生むだろう」と言った。アンナは「子が生まれたら、その子を神に捧げます」と答えた。

ヨアキムにも同じように天使の知らせがあり、彼は神殿への捧げ物にするたくさんの羊の群れをつれて戻った。アンナは町の門のところでヨアキムを出迎え、首に抱きついた。アンナは月満ちて女の子を生み、マリアと名づけた。ふたりはマリアを大切に育てた。マリアが三歳になったとき、ヨアキムとアンナは天使に約束したようにマリアを神殿に捧げることにした。大祭司ザカリア（洗礼者ヨハネの父）はマリアを祝福して迎え入れ、神殿でマリアは天使から食べ物を受け取って育った。

マリアが一二歳のとき、ザカリアは神殿の至聖所でマリアのために祈った。すると天使が現れ、「独身者を呼び集め、それぞれ杖《つえ》を持参させよ。マリアは神のしるしが示された男の妻になる」と言った。全国から男が集まり、大工ヨセフもそれに加わった。大祭司ザカリアは男たちの杖を持って神殿で祈ったが、しるしは現れなかった。最後にヨセフの杖を取ると、杖から鳩が出て、ヨセフの頭にとまった。ザカリアは、マリアをヨセフと結婚させると決めた。ヨセフは「自分はもう高齢で息子たちもいるから」と辞退しようとしたが、神意であると言われて、少女マリアと夫婦になるというよりは、引き取って保護者になることにした。

タッデオ・ガッディ「黄金門の出会い」(1330年頃、フィレンツェ、サンタ・クローチェ教会、バロンチェッリ家礼拝堂)

マリアは他の乙女たちとともに神殿の垂れ幕を織ることになり、くじで深紅と紫の垂れ幕を織る役になった。彼女が水がめを持って水をくみに行くと、「おめでとう、恵まれた人よ」と声がした。マリアはこわくなって、家に帰って織物を続けた。すると天使が現れて、「あなたは神の言葉によってみごもる。その名をイエスと名づけよ」と言った。マリアは「ご覧下さい、主のはしためがここにおります。お言葉の通りになりますように」と答えた。これが同書に書かれた受胎告知までのあらすじである。「ヤコブの原福音書」は、主に「ルカの福音書」と内容をすりあわせながら、それを補完するように書いたように思われる。アンナとヨアキムやマリアの少女時代については、四福音書には書かれていない話である。「ヤコブの原福音書」では、アンナとヨアキムがどこに住んでいたか、はっきりとは書かれていない。しかしザカリアはエルサレムの祭司なので、アンナとヨアキムもエルサレムに住んでいたという設定であろう。「黄金伝説」では、ヨアキムがナザレ出身、アンナがベツレヘム出身ということになっているが、それでは話がうまく続かない。ヨアキムが荒野で断食をした後帰って来てアンナと出会うのは、エルサレムの黄金門と考えられた。

現在、巡礼地として黄金門を訪れる人は少ないが、美術ではこの「黄金門の出会い」はよく描かれる場面であった。タッデオ・ガッディがフィレンツェのサンタ・クローチェ教会内のバロンチェッリ家礼拝堂に描いた壁画（一三三〇年頃）では、城壁で囲まれたエルサレムの町を背景として、右手の門から出て来たアンナと外から帰ってきたヨアキムが抱き合おうとしている。ヨアキムの後ろにいる羊をかついだ男性は、ヨアキムが神に捧げる羊を連れた羊飼いらしい。画面中央のドームのある建物は聖墳墓教会を表しているのであろう。マリアが生まれる前のエルサレムに、イエスが葬られた聖墳墓教会があるのでは順序が合わないが、エルサレムを描くときには城壁とその中の聖墳墓教会のドームを描いてそれとわからせるのが美術の慣例であった。

聖アンナ教会とベテスダの池

黄金門より少し北に獅子門がある。そこから旧市街に入ると、まもなく右側（道の北側）に聖アンナ教会がある。通りに面した建物の小さな入口を入ると、その向こうに一〇〇メートル四方ほどの広い敷地が広がっていて、右手に美しい教会がある。

ここは、もともとユダヤ人が作ったベテスダ（またはベトザタ）の池があった場所だった。敷地の突き当たり（北側）にあるのがその池である。先にそれについて説明しておきたい。

ベテスダの池

この池は、貯水池としてかなり古い時代、おそらく紀元前八世紀頃に作られ、紀元前三世紀頃までにはすでに何度も作り直されていたらしい。「列王記下」（二八：一七）に書かれている「上の池」というのはこの池のことだという説もある。前述のシロアムの池と同様、石造の側壁で囲まれたプールのようになっていたと思われる。神殿に捧げる羊をここで洗ったとも言われるが、それについては確証はない。

紀元前一世紀からヘロデ王は親ローマ政策を進め、エルサレムにローマ軍が進駐するようになる。その時期、ベテスダの池のところにはアスクレピオスの神殿が建てられた。アスクレピオスは古代ギリシア・ローマの医療の神で、大きな町にはその神殿があり、神官が病人やけが人の治療をしていた。これを「神官が病気を治すのか、だから昔は非科学的だ」と考えるのは誤りで、各地のアスクレピオス神殿は理論でも実践でも当時としては先進的な医療機関だった。「医学の父」と呼ばれて有名なヒポクラテスはコス島のアスクレピオス神殿、ローマ皇帝マルクス・アウレリウスらの侍医にもなった大医学者ガレノスはペルガモンのアスクレピオス神殿で、医学を学んだり医療に従事したりした経験を持つ。

さて「ヨハネの福音書」(五：一～九)には、イエスがこのベテスダの池で病人を癒したエピソードが書かれている。その記述によると、池には五つの回廊があり、そこに病人が大勢横たわっていた。天使が池の水を動かすときに真っ先にそこへ入ると病気が治ると信じられていたので、それを待っていたのである。イエスは祭でエルサレムに来ていたときにそこを訪れ、三八年間も病気で苦しんでいた男に、「良くなりたいか」と尋ねた。男は「はい、でも水が動くときに私を水に入れてくれる人がいないのです」と答えたが、イエスが起き上がるように言うと、その人はすぐ良くなってベッドをかついで歩き出した。

もしイエスがここに来たのであれば、時代的にはアスクレピオス神殿があった時代ということになるが、福音書にはそのことはまったく書かれてはいない。イエスが安息日に病人を癒したが、それは許されるのかという議論になっていく。福音書を書いた人には、病気を治すイエスを、医療の神であるアスクレピオスのような人と印象づけようとする意図があったかもしれない。

エルサレムがキリスト教の巡礼地になると、古代宗教の神殿は取り壊されて、キリスト教の教会が建てられた。しかしその教会も六一四年にペルシアによって破壊されたらしい。一〇九九年に十字軍がエルサレムを奪取すると、ここには小規模な礼拝堂が建てられた。それらはすべて廃墟となっているが、一九世紀からこの池の発掘が大がかりにおこなわれ、大きくて深い池や、その周囲の重なり合った建築物の遺構が発見されている。

聖アンナ教会

聖アンナ教会の内部

この場所は六世紀頃から、マリアの両親であるアンナとヨアキムに関連する場所にもなっていった。マダバのモザイク地図にも描かれているし、六世紀の巡礼の旅行記からも、ベテスダの池の横に教会が建てられていたことがわかる。それも六一四年にペルシアによって破壊されたが、十字軍時代には大きく建て直され、その地下にある洞窟が、アンナがマリアを生んだ場所と信じられるようになった。おそらく、ベテスダの池よりもこちらに関心が移っていったのだろう。なぜベテスダの池のこの場所が、アンナとヨアキムに結びつけられたのかはわからない。神殿の丘に近いというロケーションからかもしれないし、あるいは獅子門を出たところに後述する聖母マリアの墓などの聖跡ができたので、その近くに位置するようにしたのかもしれない。

現存する聖アンナ教会の建物は、一一三一年から一一三八年の間に建てられたと考えられている。この建物は、その少し後の一一八七年にサラディンがエルサレムを占領したときにも大きく壊されることはなかった。オスマン帝国の統治時代にも存続し、キリスト教徒はここを訪れることができた。外観はシンプルな、ロマネスクから初期ゴシックへの移行期の建築である。内部にはほとんど装飾や壁画はなく、また内壁にもしっくいが塗られている部分は少なくて、石積みの壁や天井がむき出しになっている。ただしそれは、一九世紀に教会を古く質朴な印象にするために、それまであった装飾などを取り除いた結果である。内部は音の響きがよく、巡礼たちが合唱する場になっている。

聖アンナ教会の地下にある、聖母マリアが生まれた場所

一九世紀当時、オスマン帝国は現在のギリシアから東欧にかけての地域を領有していたが、そこに住むキリスト教徒の多くは正教徒であった。正教の大国ロシアの皇帝ニコライ一世は、正教会の庇護《ひご》者を自認していた。一方、かつてフランス国王が聖墳墓教会などの「聖地管理権」をオスマン帝国から認められていたが、一七八九年のフランス革命によってフランスが王政でなくなってから、その地位が失われていた。一八四八年にフランスの皇帝になったナポレオン三世は国内での人

気取りをはかって、オスマン帝国と交渉して再び聖地管理権を認めさせ、エルサレムやベツレヘムで強い権限を行使しようとした。ロシア皇帝はそれに反発し、正教徒の保護を大義名分に一八五三年にオスマン領内に出兵して、戦争が始まった。他の国もいろいろな思惑を持って参戦し、オスマン帝国・フランス・英国などと、ロシアやギリシア人義勇兵などとの間での戦いとなった。一番激しく戦闘が繰り広げられたのがクリミア半島のセバストポリだったので、クリミア戦争と呼ばれている。一八五六年にパリで講和会議が開かれロシアの敗北で戦争が終わると、オスマン帝国のスルタンであるアブデュルメジド一世は、聖アンナ教会をナポレオン三世に贈呈した。

そういう歴史的な経緯があるため、現在フランスはこの教会を自国の領土であると主張して、フランス国旗を掲げている。フランスの要人がエルサレムを訪問すると必ずここを訪れ、どの国が警備を担当するかが問題になる。二〇二〇年にフランスのマクロン大統領が訪問した際には、大統領自身がそこにいるイスラエルの警備当局者に対して、教会の敷地から退去するよう激しい口調で詰め寄った。

聖アンナ教会は、ホワイト・ファーザーズと呼ばれるカトリックの団体が管理している。これは、主にアフリカにキリスト教を布教するための組織である。教会の横には美しい花壇があって、その中にこの団体の設立者であった枢機卿シャルル・ラヴィジェリーの胸像がある。

この聖アンナ教会から獅子門の方に少し戻ったところに、ギリシア正教会が維持している聖アンナ教会がある。これはカトリックのものよりもずっと小規模だが、この地下にもアンナがマリアを生んだとされる洞窟がある。どちらが本物ということではなく、同じできごとの聖跡を、キリスト教の各宗派が作っているのである。

受胎告知

この後はしばらく、イエスの物語ではエルサレムは舞台とならない。しかし話の展開上省略できないので、エルサレム以外の聖地も少し見ながらイエスの生涯を追うことにする。

ナザレはイスラエルの北の方、ガリラヤ地方の町である。エルサレムからの距離は、直線で約一〇〇キロである。ヨセフはこの町の出身だった。「ヤコブの原福音書」を読むとマリアはエルサレム生まれで神殿育ちの生粋のお嬢様だが、ヨセフと結婚することになって、ともにこの地方都市に住んだ。これで「ルカの福音書」に話がつながる。

ルカによれば、天使ガブリエルはガリラヤの町ナザレに住んでいる、ヨセフのいいなずけのマリアの元に派遣された。天使はマリアに「おめでとう、恵まれた方。主があなたとともにおられる」と言った。マリアが戸惑っていると、天使は「あなたは聖霊によってみごもり神の子を生む。その子をイエスと名づけなさい。神は彼にダビデの王座を下さる」と説明した。これが「受胎告知」である。

受胎告知があったとされる場所には、最初四世紀中頃に教会が建てられた。修道女エゲリア

ナザレ、受胎告知教会

受胎告知教会内部。中央が受胎告知の洞窟

はここを訪れ、マリアが住んでいた大きな洞窟を見たと記している。六世紀にはもっと大きな教会が建てられた。「ヤコブの原福音書」ではマリアが水をくみに出たときに天使が現れたと書かれているので、それに合わせてマリアが水をくんだ泉（または井戸）というものも設定された。しかしそれらはペルシアやアラブの侵攻によって破壊され、廃墟となったと思われる。

ナザレがキリスト教の聖地として再びよみがえったのは、十字軍が来た時代だった。この時代、北欧のノルマン人がイギリスやフランスのノルマンディー地方に定住し、さらにそこからシチリアや南イタリアに進出して、パレルモを中心にノルマン・シチリア王国を樹立していた。タンクレードはノルマン人の騎士で、第一次十字軍に参加した。彼はエルサレム攻略のとき、イスラム教徒を虐殺から逃れさせようとしたという美談が伝わっている。エルサレム王国が成立すると、タンクレードはガリラヤ地方に作った属国、ガリラヤ公国の君主になった。

タンクレードは、元の受胎告知教会があった場所に、大きな教会を再建した。十字軍時代に建てられた建築の中で最大であったとも言われている。十字軍がエルサレムから敗退した後、一二六〇年にマムルーク朝の軍隊によってこの教会は損害を受けた。沿岸部に残った西ヨーロッパの支配地を足がかりにフランシスコ会の修道士が住み続けたが、一二九一年に沿岸部のアッコが陥落して、キリスト教徒はいったんここから遠ざかった。

かなり後の一六二〇年に、フランシスコ会がこの教会や洞窟を購入した。一七三〇年にフランシスコ会はオスマン帝国から許可を取り付け、新しい教会を建てた。しかしそれも老朽化したため、一九五四年に取り壊して同じ場所に現代的な教会が建てられ、一九六九年に完成した。現在の受胎告知教会はその建築で、非常に大規模な教会である。設計はイタリア人建築家のジョヴァンニ・ムツィオであった。ローマ教皇パウロ六世は完成前の一九六四年に、またヨハネ・パウロ二世は二〇〇〇年にここを訪れている。ファサードはゆるやかな曲面で、上に受胎告知、その下に四人の福音書記者の浮き彫りがある。内部は二階建てで、中央が吹き抜けになっている。鉄筋コンクリートの建築なので、内部には柱や壁がなく非常に広い空間である。中央の一階部分、吹き抜けの下に祭壇があり、祭壇の奥に受胎告知の洞窟がある。二階には数々の聖母マリアの画像や彫刻がある。建築全体の上は、巨大なドームになっている。

レオナルド・ダ・ヴィンチ「受胎告知」（1472～75年、フィレンツェ、ウフィッツィ美術館）

天使による受胎告知は、ほんの小さなエピソードだったかもしれないが、キリスト教美術を代表するようなテーマになった。受胎告知の場面では、左から天使ガブリエルが現れ、右に座ったマリアにお告げをするという構図の作品が多い。「おめでとう恵まれた方。主があなたとともにいます」という天使の言葉が、口から出ているように画面に描くこともある。この言葉はラテン語では「アヴェ・マリア、グラティア・プレナ、ドミヌス・テクム」であり、この祈禱文《きとうぶん》を歌詞として、シューベルトやグノーなど数多くの作曲家が「アヴェ・マリア」という曲を作曲した。

ヨセフ教会

受胎告知教会と同じ敷地に、ヨセフの教会がある。こちらはかなり小さい。ヨセフはナザレの大工であった。この地下には、ヨセフの仕事場とされる洞窟がある。その上に、一二世紀はじめに教会が建てられていた。現在の教会は、同じ場所に、一九一四年に建てられたものである。

マリアが神の子をみごもったとき、まだヨセフとは婚約していただけで、結婚はしていなかった。「マタイによる福音書」には受胎告知のことは書かれていないが、マリアがヨセフとの婚約中に聖霊によって身ごもったという記述はある。ヨセフはマリアを疑い、しかし婚約中の姦淫は石打ちで死刑になる決まりだったのでマリアを殺させないようひそかに離縁しようとしたが、天使のお告げがあって納得したと書かれている。「ヤコブの原福音書」ではそのあたりのところがくわしく、もっとあれこれ詮索《せんさく》したがる人の疑問にも答えるように説明されていて、最初ヨセフがマリアの貞節を疑っただけでなく、マリアの妊娠が他の人たちの知るところとなって大きなスキャンダルとなったが、祭司がヨセフとマリアに水を飲ませて山に追いやったところ健やかなまま帰って来たので一同はマリアの無実を信じた、という一種の神明裁判のエピソードがつけ加えられている。

ヨセフは福音書の中では引き立て役で、ダビデの子孫であると家系図まで示されているのに、イエスはその血を引いていない。マリアと結婚したときはすでに老齢だったと「ヤコブの原福音書」に書かれ、絵画でも老人として描かれるのは、イエスの出産後も夫婦間には何もなくマリアは処女のままだったという信仰を補強するためである。イエスの磔刑《たっけい》前後にはヨセフはまったく登場せず、もう亡くなっていたかと思われるが、その最期については何もわからない。しかしこの寡黙で誠実な老職人は、中世以後、大工やものづくりにたずさわる人たちの守護聖人として崇敬を受けた。後述するエルサレムの聖母マリアの墓には、申し訳のようにではあるが、ヨセフの墓が作られている。

エリサベト訪問

「ルカの福音書」で受胎告知と並行しながら語られるのは、洗礼者ヨハネの誕生についてである。エルサレムの祭司ザカリアはエリサベトと結婚していたが、子が生まれず、すでに年を取っていた。ザカリアは神殿の聖所で香をたく役にあたっていたところ、天使が現れて、エリサベトが子を生むからヨハネと名づけよと告げた。ザカリアは自分たちは老人であると抗弁したが、天使は自分を信じなかったためにザカリアは口がきけなくなると言った。ザカリアは聖所から出たが、しゃべれなかった。まもなくエリサベトは身ごもった。

マリアは受胎告知のときに天使から「あなたの親類のエリサベトも年を取っているのに男の子を身ごもっていて、もう六か月になっている」と聞かされた。マリアは「山里のユダの町」に行って、ザカリアの家に行きエリサベトを訪問した。マリアの挨拶《あいさつ》を受けると、エリサベトの胎内で子がおどった。ふたりは喜び合った。マリアは三か月ほどエリサベトのところに滞在し、家に帰った。その後エリサベトは男の子を生んだ。人々は、父の名前を取ってその子をザカリアと名づけようとしたが、ザカリアは口がきけないまま板を出させて「この子の名はヨハネ」と書いた。するとザカリアはまたしゃべれるようになった。

このエリサベトの家があったとされる場所は、エルサレムの旧市街から西に八キロほど離れたエン・カレムというところである。この場所は、第二神殿時代には人が住んだ跡があり、旧約聖書（ネヘミヤ記三：一四とエレミア書六：一）に記述された地名のベト・ケレム（またはハケレム）にあたると考えられている。現在のエルサレム新市街は旧市街の西側に広がっているが、そこからでも西の端の町はずれになり、緑の深い山にさしかかる。

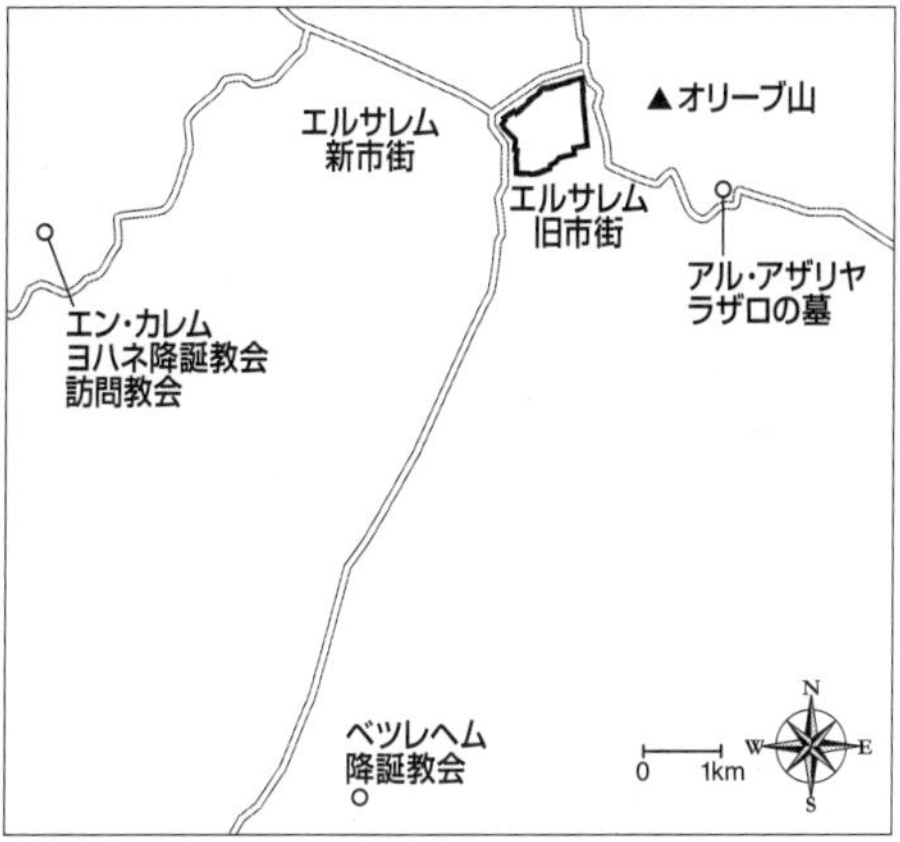

エルサレム周辺地図

　ここにはふたつの教会がある。ひとつは洗礼者ヨハネ降誕教会である。これはエン・カレムの中心の集落の中にある。おそらく最初は五世紀前後に建てられ、その後十字軍時代の一一世紀に建て直された。イスラム統治下ではさびれたが、一六九三年からはフランシスコ会によって活動が存続している。シンプルで堂々とした建築である。入って左奥に進むと洞窟があり、その祭壇の下の床に、エリサベトがヨハネを生んだ場所を記す大理石のプレートがつけられている。

　もうひとつの、マリアのエリサベト訪問を記念する訪問教会は、集落を離れて一〇分ほど山の中の道を登ったところにある。ここはザカリアが持っていた別荘で、エリサベトが住んでいてマリアが訪問したとされる場所である。ここも同じように、ビザンティン時代に聖地となって小さい教会が建てられ、十字軍時代に建て直され、イスラム統治下でさびれたが一六七九年にフランシスコ会が購入して、一九世紀から二〇世紀にかけて現在の教会が再建された。設計はアントニオ・バルルッツィで、この建築家は他にも聖地で数多くの教会を設計している。教会は二階建てになっており、下の階にはエリサベトと

エン・カレム、洗礼者ヨハネ降誕教会

洗礼者ヨハネが生まれた洞窟

エン・カレム、訪問教会

ヨハネに水を提供した井戸がある。マリアが訪問したときにこの井戸から水が湧き出したという伝説も加わった。またその横に、幼児のヨハネを隠した岩というものがあるが、そのエピソードについては後の嬰児虐殺のところで説明したい。下の階から出て、急な斜面を階段で登ると、上の階の入口がある。上は天井が高く広くて明るい教会で、聖母マリアなどのフレスコ壁画が描かれている。

ちなみに戦後、エン・カレムのこれらの教会よりもう少し西に、ヘブライ大学の医学部と付属病院が作られた。その病院には、ロシア（現ベラルーシ）出身のユダヤ系の画家マルク・シャガールがデザインしたステンドグラスがある。

イエスの降誕

福音書は、イエスという人が救世主であるということをいろいろな論拠をあげて証明するために書かれた本である。ユダヤ人の間では、救世主はダビデの再来であるはずだからダビデの子孫として生まれると考えられていた。そこで「マタイの福音書」には、冒頭にマリアの夫ヨセフの系図が書かれ、彼がダビデの末裔でありアブラハムにもさかのぼることが示される。「ルカの福音書」の途中にある系図では、ダビデを通ってさらにアダム、そして神にまでさかのぼる。

救世主はダビデの子孫であるだけでなく、ダビデと同じくベツレヘムで生まれるに違いないと考えられていた。「マタイの福音書」では、イエスはヘロデ王の時代にベツレヘムで生まれたとだけ短く述べられている。一方、「ルカの福音書」では、ナザレにいたはずのマリアがベツレヘムでイエスを生むいきさつがもっとくわしく説明されている。それによるとマリアの妊娠中に、ローマ皇帝アウグストゥスから全領土の住民に対して、住民登録をせよという勅令が出た。ヨセフはダビデの血筋なので、マリアを連れてダビデの町ベツレヘムへ行き、そこでマリアはイエスを生んだ。

ローマ市のアウグストゥス廟《びょう》の記念柱に刻まれた「神君アウグストゥスの業績録」によれば、アウグストゥスは紀元前二八年と紀元前八年、紀元後一四年の三回、実際に国勢調査をした。これは、想定されているイエスの生まれ年である紀元前四年頃には合わない。またルカは、この住民登録は「キリニウスがシリア州の総督であったとき」と書いている。キリニウスとは、ローマの元老院議員だったプブリウス・スルピキウス・クィリニウスのことである。彼はアウグストゥスにより、紀元後六年から九年までシリア・キリキア地方に総督として派遣された。前に述べたように、親ローマ派のヘロデ王が紀元前四年に没した後、その息子たちが分割統治していたが、息子のひとりヘロデ・アルケラオスは失政が多かったため、紀元後六年に住民たちからローマ帝国に訴えられ、裁判にかけられてアウグストゥスにより解任され、現フランスのヴィエンヌに配流された。アルケラオスの領地はローマ帝国のユダヤ属州となり、クィリニウスがアルケラオスの資産を没収しユダヤ人の財産を査定するため、調査を実施した。調査に従った人たちもいたが、ローマの支配を嫌い独立を主張するユダヤ人もいて、かなり大きな抵抗運動が起きた（ユダヤ古代誌XVII〜XVIII）。これもイエスが生まれたとされる年よりもかなり後のことになるし、どの国勢調査の年とも合わないが、ルカは人々の記憶に強く残っているできごとや人名と結びつけて、イエスの誕生の物語に具体性を持たせて語りたかったのかもしれない。

「ルカの福音書」によれば、彼らがベツレヘムにいる間にマリアは月が満ちてイエスを生んだ。人々が皆、国勢調査のために移動している時期だったからであろうが、宿屋には彼らが泊まるところがなかったので、マリアは生まれたイエスを布にくるんで飼い葉桶に寝かせたと書かれている。よく誤解されているが、「馬小屋で生まれた」という言葉では書かれていない。羊飼いが野宿をしながら羊の番をしていると、天使が現れて「今日ダビデの町であなたがたの救世主が生まれた」と告げた。その天使に天の大軍（大勢の天使たち）も加わり、「いと高きところには栄光、神にあれ、地には平和、御心に適《かな》う人にあれ」と賛美した。羊飼いたちはベツレヘムへ行き、マリアとヨセフと生まれた赤ん坊を見た。これは「羊飼いへのお告げ」と呼ばれるエピソードである。

ビザンティンの絵画では、マリアは洞窟でイエスを生んだ後で横になり、イエスはその横の飼い葉桶に寝かされて牛とろばがいるように描かれた。ルネサンスの一部の絵にもその表現が引き継がれたが、西ヨーロッパでは洞窟ではなく馬小屋が描かれることが多くなる。洞窟で生まれたという記述は四福音書にはなく、「ヤコブの原福音書」に出てくる。ヨセフはマリアをろばに乗せて登録のためにベツレヘムに向かっていたが、あと少しというところでマリアが産気づいた。そこでヨセフは洞窟を見つけてマリアを連れて行き、ベツレヘムへ産婆を探しに行った。産婆が来ると、マリアはすでに子を生んでおり、洞窟の中は光り輝いていた。産婆は洞窟まで来る途中で、ヨセフからマリアが処女のまま聖霊によって身ごもったいきさつを聞いていたので、その様子を賛美した。話はまだ続き、産婆が洞窟から出てサロメという女性に出会い事の次第を話すと、サロメはマリアの処女性を確かめなければ信じないと言って洞窟に来て、指でマリアの状態を調べた。すると神を試みた罰でサロメの手は焼け落ちそうになったが、サロメがイエスをイスラエルの王と呼んで拝んで抱くと、サロメの手は癒されたと書かれている。

イエスの誕生に関連するもうひとつのエピソードは、東方の三博士の礼拝である。これは「マタイによる福音書」の方に書かれている。イエスが生まれたとき、東から占星術の学者たちがエルサレムに来て、「ユダヤ人の王として生まれた人はどこにいるのか。われわれは東方でその星を見たので拝みに来た」と言った。ヘロデ王はそれを聞いて、自分の王位がおびやかされるかと不安になり、救世主はどこで生まれるかと祭司らに聞いた。彼らはベツレヘムだと答えた。ヘロデは東方から来た学者とも会って、いつ星が現れたかを聞き、「その子のことを調べて教えてくれ。私も行って拝もう」と何食わぬ顔で言った。東方の学者たちがベツレヘムへ向かうと、星が先導し、生まれたイエスのいる場所を教えた。学者たちは家に入り、イエスを拝み、黄金、乳香、没薬《もつやく》（乳香と没薬は香料）を贈った。学者たちはその後、夢でヘロデに会うなとお告げを受けたので、別の道から帰国した。

聖書にはこの学者たちの人数は書かれていないが、三種類の贈り物から、三人ということになった。東方の学者とは、ペルシアのゾロアスター教の天文学者のことらしい。科学が進んだペルシアで星を観測していたら救世主が生まれたことがわかった、イエスが救世主であることはそれによって科学的・客観的に立証されるのだ、とマタイは言いたかったのだろう。

パレルモ、カペラ・パラティーナのモザイク（1140～70年代）。中央の洞窟の中でマリアが横になり、イエスが飼い葉桶に寝かされる。天使が右の壁面にいる羊飼いたちにお告げをし、ふたりの羊飼いがイエスの前に進み出る。左上で東方の三博士が星を見てイエスの方に来ようとしている。右下では産婆がイエスに産湯を使わせる

三人の博士には、さらにキャラクター性が付与され、メルキオール、バルタザール、カスパールと名づけられ、美術ではそれぞれ青年、壮年、老年の男性として描かれた。また三人のうちのひとりを黒人の姿で描いて、イエスがユダヤの王であるだけでなく世界の救世主であるということが強くアピールされるようにもなった。このように検討すると、もとも

と聖書に書かれていないことを、美術や降誕劇、プレゼピオ（教会や家などに飾る降誕場面を表した人形）、それに聖地作りでいかにふくらませていったかがよくわかる。

蛇足だが、イエスが生まれた日がクリスマスである。クリスマスは誰でも知っているように一二月二五日であるが、どの福音書にもそれは書かれていない。キリスト教がヨーロッパに伝わるにつれて伝統的な宗教と融合し、冬至を過ぎて日が長くなる頃に祝われる祭と融合したと考えられている。

降誕教会

ベツレヘムは、エルサレム旧市街からは南へ一〇キロ足らずのところにある。エルサレムからは峰続きで標高の高い台地にあり、町の中でも高低差が大きい。パレスチナ自治区にある町なので、イスラエルとは別の国である。エルサレムからパレスチナ自治区にバスで行くときにはパレスチナ側の入国審査はないが、イスラエル領に戻るときにはパスポート検査がある。

降誕教会は、ベツレヘムの町の東端にある。大きな教会で分厚い壁で囲まれ、外見はまるで要塞のようである。コンスタンティヌス帝の母ヘレナはエルサレム司教マカリオスとともに三二六年にベツレヘムに来て、イエスが生まれた洞窟を探し当てたとされる。その後まもなく、コンスタンティヌス帝の命令でそこには最初の降誕教会が建てられた。献堂式は三三九年とされているが、ボルドーの巡礼は三三三年にその建物を見ているので、完成する前にすでに入れるようになっていたのかもしれない。このときには、一階から地下の洞窟を見られるような構造になっていたらしい。この建物は、五二九年か五五六年にサマリア人のビザンティン帝国に対する反乱で焼けたが、すぐユスティニアヌス帝が再建した。その後の改修や修理はあったが、この六世紀の建物が現在も残っている。六一四年にペルシアがエルサレムを攻撃したときには、ペルシア王ホスロー二世はこの教会を破壊しなかった。伝説では、ここに描かれた三人の博士がペルシア人の服装であったからだと言われている。

ベツレヘムの町と降誕教会は、十字軍時代にはもちろん重視され、エルサレム王国の二代目の王ボードゥアンはこの降誕教会で戴冠式をおこなった。エルサレムではなくここを選んだのは、エルサレム王もまたダビデの後継者であるという政治的意味合いを強調するためである。一一六九年頃には、広い壁面に金を多用したビザンティン風のモザイク壁画が制作された。この壁画は、現在でも一部分が残っている。一一六三年にアンジュー家出身のアモーリー一世がエルサレム王になったが、彼は一一六七年に、ビザンティン皇帝マヌエル一世コムネノスの甥の娘マリア・コムネナと結婚した。この関係を生かして、ビザンティン帝国からモザイク職人を派遣してもらったと考えられる。同じ頃、シチリアのパレルモのカペラ・パラティーナ（一二世紀中頃）やモンレアーレ大聖堂（一一八二年）などのモザイク壁画がビザンティンのモザイク職人によって制作されているように、ビザンティン帝国にとってモザイクは先進的な技術供与の目玉であった。

一一八七年にサラディンがベツレヘムを征服した後、降誕教会は維持されたが、巡礼は激減した。カトリックは冷遇されてギリシア正教の聖職者が戻った。一二二三年から一八世紀のフランス革命までカトリックのベツレヘム司教は現地には赴任せず、十字軍戦士だったヌヴェール伯ギヨーム四世のつてで、フランス中部のクラムシーに住んでいた。現在、降誕教会はギリシア正教会、カトリック、アルメニア使徒教会、コプト教会、シリア正教会が共同で使っているが、ギリシア正教会の管理部分がほとんどである。

ベツレヘム、降誕教会

イエスが生まれた洞窟は教会内最奥部の聖域の地下にあり、アプシス（祭壇の後ろに半円形に張り出した空間）に向かって右から入って左から出るようになっている。洞窟の中では、イエスが生まれたその場所の床に、銀の星の印がついている。聖アンナ教会のところで述べたように、一八五二年にナポレオン三世はオスマン帝国のスルタンと交渉し、聖地の管理権を得た。その後、銀の星にはラテン語の銘文が付けられた。ラテン語はカトリックの言葉なのでこれにロシアが抗議し、ドナウ川沿いのオスマン支配地にロシア軍を展開させる事態となった。オスマン帝国は教会を元の状態に戻したが、聖地の支配をめぐる諸国の緊張は高まりクリミア戦争が起きる原因のひとつとなった。

二〇〇二年には、約五〇人のパレスチナ人の戦闘員がこの教会に逃げ込み、聖職者らは戦闘員を保護した。イスラエル軍はこの教会を一か月以上包囲したが、国際的な世論を考慮して、強行突入することは結局できなかった。二〇一二年に、この教会はユネスコの世界遺産に登録され、パレスチナ国（自治政府）にある初めての世界遺産となった。また、屋根の木材が傷んでいるため、危機遺産のリストにも載せられている。なお、生まれたばかりのイエスを寝かせたとされる飼い葉桶の木片が、ローマのサンタ・マリア・マジョーレ教会に聖遺物として安置されている。ベツレヘムへ行った巡礼がローマに持ち帰ったらしい。二〇一九年に、その木片の一部がローマから降誕教会に返還された。

降誕教会の内部

降誕教会の地下の洞窟、イエスが生まれたとされる場所。床に銀の星のマークがある

聖カタリナ教会

降誕教会の横には中庭があり、それに面して聖カタリナ教会のファサードがある。聖女カタリナはふたりいるが、この教会はキリスト教禁教時代の四世紀はじめにアレクサンドリアで殉教したアレクサンドリアのカタリナに捧げられている。これも創建はビザンティン時代にさかのぼる。十字軍時代には、ここに修道院があった。現在の建物は、一八八一年にオーストリア・ハンガリー帝国の皇帝フランツ・ヨーゼフ一世が資金を提供して建てられた。ロマネスクとゴシックが混じったように見えるが、復古的な様式の近代の建築で、中は清潔感があり美しい。ここで開かれるクリスマスのミサには、パレスチナ自治政府の首脳は自分の宗教を問わず出席して、その様子はテレビで世界に放映される。以前はPLOのアラファト議長がミサの最前列に座る様子が毎年ニュースで配信され、存在感を示していた。

イエス降誕の洞窟の他に、この教会の下にも洞窟がある。複雑でかなり奥深い洞窟である。その洞窟には、聖ヒエロニムスが住んだと言われている。ヒエロニムスは四世紀中頃にダルマティア（現クロアチア）で生まれ、ローマで古典的な学問を修めた。その後、三七三年頃にアンティオキアで病気になったことを機に、キリスト教の神学研究に身を捧げる決意をした。もうキリスト教は公認されている時代だった。ヒエロニムスはシリアの砂漠で厳しい修行をした。そのときライオンが前足にとげが刺さって痛がっているのを見てヒエロニムスは抜いてやり、それ以後ライオンがなついたという伝説が生まれたため、絵画ではよくライオンとともに描かれる。彼はローマで新約聖書をギリシア語から、また旧約聖書をヘブライ語とアラム語から、すべてラテン語に翻訳する仕事に取り組んだ。裕福な貴族の女性パウラが私財をなげうって、翻訳事業の援助にあたった。ヒエロニムスは聖書の理解を深めるためエルサレムに、さらにベツレヘムに移り、四〇五年頃に翻訳を完成させた。このラテン語訳はウルガタ訳と呼ばれ、その後校訂を加えながらカトリックでは現在まで使われている。ヒエロニムスは四二〇年にベツレヘムで亡くなり、遺骸は後にローマのサンタ・マリア・マジョーレ教会に運ばれて埋葬された。ヒエロニムスは伝説上の聖人ではなく、十分に歴史上の人物である。彼がここに来た時代は、キリスト教の聖地巡礼が本格化し、聖跡が整備されていく真最中であった。

ヒエロニムスの洞窟

嬰児虐殺とエジプト逃避

さてヘロデ王は東方の三博士にすっぽかされ、救世主が誰で

ミルク・グロット

ありどこで生まれたかもわからなくなって、非常に怒った。ヘロデは救世主はベツレヘムで生まれると知り、救世主が生まれたとされる時期を確かめて、ベツレヘムとその周辺にいた二歳以下の男児を全員殺させた。これが、嬰児虐殺と呼ばれる話である。

　そのとき、ヨセフの夢に天使が現れて、すぐにマリアと子どもを連れてエジプトに逃げるようにと言った。ヨセフは夜のうちにそこを去って、エジプトに行った。「マタイによる福音書」では何かできごとが起きるたびにどれも旧約時代の預言が成就したと述べているが、嬰児虐殺は「エレミア書」（三一：一五）の実現であり、エジプト逃避は「わたしは、エジプトからわたしの子を呼び出した」（ホセア書一一：一）という主の言葉の実現とされた。また、マタイとしては、エジプトから民衆を連れ帰ったモーセとイエスを重ね合わせて印象づけようとする意図があったとも考えられる。

　ベツレヘムの降誕教会のすぐ近くに、ミルク・グロット（乳の洞窟）と呼ばれる小さな教会がある。その地下の洞窟は、マリアがヨセフとエジプトに逃げる直前に避難した場所とされる。マリアがイエスに乳を飲ませようとしたところ、一滴の母乳が地面に落ち、そのあたりが白く変わったという伝説からこの名前で呼ばれる。ここもビザンティン時代にすでに聖跡になり教会が建てられていたらしいが、現在の建築はその跡地に一八七二年に建てられたものである。

さてイエスはこのようにエジプトに逃れたとして、イエスより少しだけ早く生まれた洗礼者ヨハネはそのときどうなったのだろうか。先述のようにヨハネはエルサレム近郊のエン・カレムで生まれていて、「ベツレヘムとその周辺一帯」には含まれなかったという解釈もできなくはない。しかし「ヤコブの原福音書」には、エリサベトはヨハネを連れて山里へ行き、隠れるところがなかったが奇跡によって山に割れ目ができて隠れることができたというエピソードが書かれている。先述のエン・カレムの訪問教会にある、エリサベトがヨハネを隠した岩というのはその岩である。聖地を訪れる巡礼たちにとって、聖書のエピソードのひとつひとつが具体的な場所や物によって、すべて納得できるように示されていることが大事だったのである。このエピソードが美術作品に描かれることは少ないが、イスタンブールのカーリエ・ジャミイ（旧コーラ修道院）のモザイクには、エリサベトがヨハネを岩穴に隠す場面がある。

訪問教会の１階にあるヨハネを隠した岩（右）。左はエリサベトが水をくんだ井戸。

やがてヘロデ王は没し、エジプトにいるヨセフにも天使が

イスタンブール、カーリエ・ジャミイ（旧コーラ修道院）のモザイク（1320年頃）。洗礼者ヨハネを岩穴に隠すエリサベト

それを伝えた。ヨセフはマリアとイエスを連れてユダヤの地に戻ったが、ヘロデの息子で暴君のアルケラオスが支配者になっていると聞いて、エルサレムやベツレヘムから離れたガリラヤ地方のナザレに住んだ。これが「マタイによる福音書」が述べる、ヨセフ一家がナザレに住んだいきさつである。マタイはここでも「彼はナザレの人と呼ばれる」という預言が実現するためであったと説明するが、その言葉は旧約聖書には見当たらない。

一方「ルカによる福音書」では、彼らはエジプトには逃げていないし、その発端となった東方の三博士の記述もない。一家はベツレヘムにとどまっていたようで、律法で決められた（レビ記一二）産後の清めの期間の四〇日間が過ぎると、山鳩《やまばと》ひとつがいか家鳩の雛《ひな》二羽を捧げ物に持って、エルサレムの神殿に来てイエスを神に捧げる儀式をおこなった。そのとき、シメオンという信心深い老人がいて、救世主に会うまでは死なないというお告げを聖霊から受けていたが、イエスを抱き、これで自分は安らかに去ることができると言った。またアンナという女性の預言者もイエスを見て神を賛美した。この神殿奉献のエピソードの舞台はエルサレム神殿であるが、それは失われているのでキリスト教の聖地にはなっていない。その後、一家はもともとヨセフが住んでいたナザレに帰った。

またヨセフ一家は、過越の祭には毎年エルサレムへ旅をした。イエスが一二歳のときにも来たが、帰るときイエスがいないことに気づかず、他の親戚《しんせき》や知人の中にいると思い込んで、一日分の道のりを戻ってしまった。ふたりはイエスがいないことに気づき、探しながら三日後にエルサレムに戻った。イエスはエルサレム神殿の境内で、学者たちと議論していた。心配する両親に対しイエスは、自分は父の家にいたのだと言った。これはイエスが神の子であるということを強調する記述である。

イエスの洗礼

四福音書のうち、イエスの幼年時代についての物語があるマタイとルカでは、この後で洗礼者ヨハネのことが述べられる。マルコとヨハネの福音書は、そもそも幼年時代については書かれておらず、いきなり洗礼者ヨハネについての記述から始まる。

ヨハネはユダヤ教の教えにもとづいて、人々に悔い改めるよう呼びかけ、ヨルダン川で罪の許しを得させるための洗礼を授けていた。ヨハネはらくだの毛衣《けごろも》を着、革の帯を締め、いなごと野の蜜《みつ》を食料にしていた。福音書の記述は四つともほとんど変わらない。ヨハネが現れたのは、「イザヤ書」に「荒れ野で叫ぶ者の声がする。『主の道を整え、その道筋をまっすぐにせよ』」と書かれていることの成就である、とする解釈も同じである（マタイ三：三など。イザヤ書四〇：三に同様の言葉がある）。ルカは、これがティベリウス帝の治世の第一五年と書いているので、それに従うならば紀元二九年ということになる。

ヨハネは洗礼を受けに来た人々に常々、自分は救世主ではなく、自分の後にもっと優れた方が来ると言っていた。イエスは、ヨハネから洗礼を受けるためにそこに来た。「ヨハネによる福音書」によると、ヨハネはイエスを見て「見よ、世の罪を取り除く神の子羊だ」と言い、イエスが救世主であると証言した。ヨハネがイエスに洗礼をほどこすと、天から聖霊が降《くだ》り、「これはわたしの愛する子、わたしの心に適う者」という神の声が聞こえた。このようにして無名の若者ナザレのイエスが、実は神の子であり救世主であったということが次第に明らかになるというのが福音書の説くストーリーである。

ヨルダン川は、源流はイスラエルより北のシリアやレバノンだが、いったんガリラヤ湖に注ぎ、また流れ出して南の死海までを流れている川である。この流域はヨルダン地溝帯と呼ばれるプレートの境目で地面が低く、ガリラヤ湖で海抜マイナス約二〇〇メートル、死海ではマイナス四〇〇メートル以上になる。イエスがヨハネから洗礼を受けた場所は、「ヨハネの福音書」に「ヨルダン川の向こう側、ベタニア」（一：二八）と記されている。「向こう側」とは、エルサレムから見てという意味であろう。キリスト教が広まった頃、ヨルダン川の近くにベタニアという地名の場所はなかった。しかし三世紀のアレクサンドリア出身の神学者オリゲネスが、ベタニアという記述は当時知られていたベタバラのことであると述べ、それが人々に受け入れられた。この場所は、エルサレムから二〇キロほど東のヨルダン川沿いにある、現在のアル・マグタスであるとされている。

ここは旧約聖書（ヨシュア記三）で、モーセの死後、後継者ヨシュアがイスラエル民族を率いてカナンの地に近づき、契約の櫃を運んでヨルダン川を渡ろうとしたときに、とうとうとした川の流れが止まって人々は川を渡ることができたという奇跡が起きた場所とも同一視された。またこの場所は同じく旧約聖書（列王記下二）で、預言者エリヤが弟子のエリシャを連れて同様にヨルダン川の流れを止めて渡河し、その後天に昇ったとされる場所とも同じと考えられた。エリヤは非常に尊敬されていた預言者だったので、人々は洗礼者ヨハネに対して「あなたはメシアでないなら、エリヤなのか」と尋ねている（ヨハネの福音書一：二一）。

この場所は古くから聖地となり、ビザンティン皇帝アナスタシウス一世（在位四九一年〜五一八年）は、ヨルダン川の東側に洗礼者ヨハネに捧げた教会を建てた。この建物は、地震や洪水で損害を受けては再建された。その後イスラム統治時代や十字軍時代には、巡礼地の中心はヨルダン川の西側に移ったようである。川の「向こう側」ではなくなったが、エルサレムからのアクセスが容易だったからであろう。オスマン時代からは、この場所への巡礼はほぼ途絶えたらしい。二〇世紀のイスラエル建国と中東戦争、およびその後では、ヨルダン川はイスラエルとヨルダン両軍が対立する最前線で、軍事的にいちじるしくセンシティヴな場所となった。

ヨルダンとイスラエルは別々に、川の東岸と西岸をヨハネの洗礼の場所とした。東岸、つま

海岸部からヨルダン川流域地図

りヨルダン領のアル・マグタスの遺跡は「ヨルダン川の向こうのベタニア」として、二〇一五年に世界遺産に登録された。これには、エリアが昇天した丘と、ギリシア正教の聖ヨハネ教会が含まれている。巡礼者が白い衣に着替え、ヨルダン川のほとりに降りていって身を浸すことができる場所も作られている。しかし世界遺産としてはヨルダンからの申請だったので、イスラエル側の聖跡は登録されていない。西側では、川の対岸にあたるカスル・エル・ヤフドが洗礼の場所とされる。しかし第三次中東戦争の後、一九六七年からこの場所は軍によって封鎖されていた。二〇一一年にようやく一般人に開放されたが、数千発とも言われる地雷の除去が必要なほど危険な場所であった。現在ではパレスチナ自治区内であるが、イスラエルが管理している。

これらとはまた別に、カスル・エル・ヤフドが封鎖中の一九八一年に、ずっと上流の、ガリラヤ湖からヨルダン川が流れ出す地点に近いヤルデニットにも、洗礼の聖地が作られた。ヨルダン川はほとんどの部分でイスラエルおよびパレスチナ自治区とヨルダンとの国境になっているが、この付近数キロだけはイスラエル領内を流れているので、泳いで越境してしまうような心配はない。ヨルダン川であるということ以外はイエスの洗礼の地として歴史的な根拠を持つ場所ではないのだが、更衣室やレストラン、広い土産物売り場などがよく整備され、エルサレムやテルアビブからガリラヤ湖方面のバスツアーでは、ここへ連れて行ってヨルダン川に身を浸す洗礼体験をするようになっている。緑豊かな美しい自然に恵まれた場所であり、近くのガリラヤ湖畔もリゾート開発が進んでいる。ただしヤルデニットの洗礼体験場はイスラエルのキブツ（集団農場などの企業共同体）が経営している観光地なので、キリスト教の施設ではないし、本当の洗礼をほどこせる聖職者などもいない。日本のチャペル・ウェディングのようなものかもしれない。集客力の面では、世界遺産のアル・マグタスを訪れる人が年間数万人であるのに対し、ヤルデニットは数十万人であると言われ、格段の差がある。

ヤルデニットの洗礼体験場

洗礼者ヨハネ

イエスの洗礼から後の話の展開は、四福音書ともかなり似通っていて、幼年時代のマタイとルカのように矛盾するような内容はない。どの福音書でも、イエスはガリラヤ地方で教えを宣べ始め、次第に弟子が増えていった。イエスのことが知られるようになると人々は、あの人は洗礼者ヨハネの再来だとか、いや預言者エリヤのような人だとかうわさするようになった。ヘロデはそのうわさを聞いて「ヨハネなら自分が殺したはずなのに」と思った（ルカ九：七）。このように当時の人にとっては、洗礼者ヨハネがその後ヘロデに殺されたということは周知の事実として書かれている。

マタイとマルコの福音書では、洗礼者ヨハネの死について少しくわしい説明がされている（マタイ一四：一、マルコ六：一四）。そこでヘロデと呼ばれているのは、イエスが生まれたときのヘロデ王ではなく、その息子で王国を分割して統治していたひとりで、ガリラヤ地方を治めた領主ヘロデ・アンティパスのことである。このヘロデ（・アンティパス）は、兄弟の（ヘロデ・）フィリポスの妻ヘロディアと愛し合うようになり、ふたりとも離婚して、ヘロデ（・アンティパス）とヘロディアは再婚した。ところがヨハネが「兄弟の妻と結婚することは律法でゆるされていない」と厳しく批判したため、ヘロデはヨハネを捕らえて投獄していた。ヘロデは律法に照らしてヨハネの言い分が正しいと思っていたが、ヘロディアはヨハネを恨んで、いつか殺してやりたいと思っていた。ヘロデは自分の誕生日に、高官や有力者を招いてパーティを開いた。そこへヘロディアの、前夫フィリポスとの間の娘が来て踊りを踊ったので、ヘロデは喜び「欲しいものがあれば何でもやろう」と約束した。娘はヘロディアに相談すると、ヘロディアは「洗礼者ヨハネの首をもらえ」と言った。娘がそれをヘロデに告げると、ヘロデは客の前で約束した手前断ることはできず、ヨハネの首をはねてそれを盆に載せて持ってくるように衛兵に命じた。娘はそれをヘロディアに渡した。こうしてヨハネは殺された。これが聖書に書かれた物語である。

ヨハネの死のことは、フラウィウス・ヨセフスの「ユダヤ古代誌」にも書かれている（XVIII-五）。それによると、洗礼者ヨハネは正義の人であり、神に対する敬虔《けいけん》を実践するため人々に洗礼をほどこしていた。しかしヘロデ（・アンティパス）はヨハネの人気が高まり、民衆に対する影響力が大きくなりすぎることを恐れて、ヨハネを捕らえ、マカイルスの要塞に送って処刑した。

「ユダヤ古代誌」でも、その記述よりも前のところで、ヘロデが兄弟の妻ヘロディアと再婚したことが述べられている。当時よく知られたスキャンダルだったのだろう。ヘロデのもともとの妻は、隣国ペトラ（現ヨルダン）の王アレタスの娘であった。彼女は夫の離婚の計画を知ると、ヘロデと父の領地の境界にあるマカイルスへ行かせて欲しいと頼み、マカイルスへ行った後すぐ父のところへ帰ってヘロデの企みを告げた。嫁いだ娘を侮辱されたアレタスは怒って軍隊を集め、ヘロデを攻撃した。ヘロデの軍はすぐに壊滅的打撃を受けた。ヘロデが負けたのは

ギュスターヴ・モロー「出現」（1876～77年、マサチューセッツ州ケンブリッジ、フォッグ美術館）。空中に浮かぶヨハネの首とサロメ

マカイルスで処刑されたヨハネの復讐であり神による罰だとユダヤ人たちは考えたと、ヨセフスは伝えている。マカイルスは死海の東岸から東に五キロほど離れた現ヨルダンのムカウィルで、山の上に要塞の遺跡が残っているが、巡礼地にはなっていない。

なお、ヘロディアの娘が踊りを踊ってヨハネの首をもらった話は、中世以来美術作品に取り上げられ、ルネサンスでも人気のあるテーマであった。「世紀末」と呼ばれる一九世紀末にはこの物語は、女の魅力で男を破滅させる「ファム・ファタル（運命の女）」的な性格づけをするなどの再解釈がされて、非常に好まれるようになった。ギュスターヴ・モローは一八七四年から七七年頃にかけて「出現」「ヘロデの前で踊るサロメ」などの絵画を何点も描いた。オスカー・ワイルドの戯曲「サロメ」は一八九三年にパリで出版され、翌年の英訳版にはオーブリー・ビアズリーの耽美《たんび》的なさし絵がつけられた（日本では一九〇九年＝明治四二年に森鷗外《もりおうがい》が初訳）。この戯曲ではサロメがヨハネ（戯曲ではヨカナーンという名前）に恋をし、拒否するヨハネの首をもらうことで愛を成就しようとするという筋書きになり、発表当時は退廃的としてイギリスでは上演を差し止められた。音楽では、ワイルドの戯曲にもとづくリヒャルト・シュトラウスのオペラ「サロメ」（一九〇五年）、別の台本によるジュール・マスネのオペラ「エロディアード」（一八八一年）がよく知られるが、「ゴジラ」の音楽で有名な伊福部《いふくべ》昭《あきら》もバレエ音楽「サロメ」（一九四八年）を作曲している。これらの作品によって、ヘロディアの娘の名はサロメということがもはや常識になっているが、この名前は福音書にはまったく出てこない。「ユダヤ古代誌」では、ヨハネの死は娘の踊りとは関係がないから登場しない。しかし、同書でヘロデの親族関係を説明する中に、ヘロディアと前夫との間の娘がサロメという名であることが書かれている。そこから踊りを踊った娘の名はサロメであると判明したのは、中世の神学者が新約聖書とこの「ユダヤ古代誌」の記述を詳細につきあわせて研究した結果である。サロメの物語は聖書からスピンオフした物語の中でももっとも有名になったものであるが、もしサロメという名前がわかっていなければ、ここまで人口に膾炙《かいしゃ》することはなかったのではないだろうか。

聖書から推測されるイエスの実像

さて、ヨセフの出身地でありイエスが活動したのは、ガリラヤ地方であった。ガリラヤ地方はエルサレムから見て辺境であり、ダビデが生まれたベツレヘムからもさらに遠い。そのため、マタイとルカはわざわざ面倒な話を作って、ナザレのイエスはベツレヘムで生まれたと言わなければならなかった。なぜこういう話になったのだろうか。そして、イエスが救世主であると立証するために書かれたはずの福音書に、なぜヨハネがよく登場するのだろうか。

これらの記述からは、実際のイエスがどういう人であったかがわかるように思われる。イエスがキリスト（救世主）であると信じていない人、つまりキリスト教の信者以外でも、福音書で語られたイエスのある程度の原型になるような人物が実在したと考えるのが、今日では一般的である。まったく存在さえしていなかった人に多くの信奉者が生まれて、いくつもの伝記を書いたり、その教えを実践しようと教団を作って活動したりしたと考える方が、あまりにも無理があるからである。信仰を離れたイエスという人物を、「史的イエス」と呼んだり、救世主と認める呼び名の「イエス・キリスト」ではなく「ナザレのイエス」と呼んだりすることが多い。

この実像のイエスは、おそらく洗礼者ヨハネの弟子だったのだろう。聖書とは別の角度から書かれ、キリスト教とは関係のない「ユダヤ古代誌」にも、ヨハネがヘロデに処刑されたことは書かれているので、ヨハネが実在したばかりでなく、誰でも知っている有名人であったことは確実である。イエスはそれほど有名にはなれないままに死に、福音書が書かれたときにも、ヨハネほどは名を知られてはいなかった。そのため、福音書記者らはまず有名なヨハネから話を始め、イエスのことを「最初はあまり知られていなかったが、実はあのヨハネよりももっとすごい人だった」と書かなければならなかったのだろう。いわば無名の新人歌手を「あの和田アキ子も脱帽した歌唱力」というようなうたい文句で売り出すのと同じ手法である。イエスがベツレヘムとは関係のないナザレ出身だったという、救世主とふれこむには明らかに不利な設定になっているのは、それがごまかしようのない事実だったからであろう。それで福音書記者マタイとルカは、誰も知らない幼児期の話を無理に作って、ベツレヘムと関連づけるしかなかったのだと思われる。

マリアが処女のまま懐胎するというエピソードは、後に重視されるようになり、「それゆえに神の子であると信じる」あるいは「そんな非科学的なことがあるはずはない」というように、肯定否定ともに強いリアクションを招いてきた。しかし、福音書記者マルコやヨハネはそれに触れてさえいないのだから、当時はイエスを語る上で絶対に述べておかなければならない最重要事項ではなかったはずである。大事なのは、マリアが生んだイエスは神の子であるから、人間でありながら神性を帯びた救世主である、ということだっただろう。ギリシア神話の女性アルクメネは、婚約者が戦争から帰る前にゼウスによって身ごもり、ヘラクレスを生んだ。ヘラクレスは半神半人の英雄として苦難の末偉業を果たし、やがて死ぬが天に昇って神になった。人間の女性マリアが神の子イエスを生んだという設定には、そういう古代ギリシア・ローマの神々からの強い影響が見られる。福音書が書かれた当時はこうした古代宗教がローマ帝国の主たる宗教として信じられており、福音書記者らは整ったギリシア語で本を書くほどにギリシア的な教養を深く身につけた人であった。そのため、ギリシア神話に近い発想のイエス像が生ま

ガリラヤ湖。南北21キロ、東西13キロの大きな湖である。旧約聖書「民数記」などではキネレト湖、「ルカの福音書」ではゲネサレト湖とも呼ばれる。湖畔にローマ皇帝ティベリウスにちなんで名づけられた都市ティベリアがあるところからティベリアス湖とも呼ばれる

れたのであろう。

話を聖地の史跡のことに戻そう。イエスはガリラヤ地方で活動したとされており、そこには聖書のエピソードの舞台となった場所が多数残っている。イエスが白く姿を変えてエリアやモーセと語り合ったタボール山、弟子ペトロのしゅうとめなど多くの病人を癒したカペナウム、婚礼に招かれて水をワインに変えたカナ、イエスの話を聞きに来た（男だけで）五〇〇〇人の群衆に五つのパンと二匹の魚を分け与えて満腹にさせたタブハなどがそれである。イエスが水の上を歩いたり、弟子たちは漁師であったりと、ガリラヤ湖がなければ生まれなかった話も多い。こういう場所にはおおむね、最初はビザンティン時代に教会が建てられ、イスラム統治時代にそれが壊され、十字軍時代に再建され、二〇世紀後半にもっと新しい教会が建てられている。そういう場所を細かく訪ね歩いてイエスの活動の場をたどることもできようが、本書では割愛する。次章においてはイエスの生涯のクライマックスにあたるエルサレムをもっとくわしく見ていきたい。

第四章　キリスト教とエルサレム②——受難と復活の現場として

エルサレム入城

イエスはずっとガリラヤ地方だけにいたのではなく、過越の祭などの際に、何度もエルサレムには来ていた。前述のベテスダの池での治癒やシロアムの池での治癒も、そういうときにイエスが見せた奇跡である。

その後、イエスはまた過越の祭の前に、弟子たちを引き連れてエルサレムに上京する。イエスはガリラヤ地方で、ユダヤ教のファリサイ派（律法を厳格に守ろうとする保守派）を、形式的で偽善的と厳しく批判していた。イエスは、もっと人間的で真心がこもった教えを追求していたとも言えよう。当時のユダヤ教の中心はファリサイ派であったので、イエスは自分がユダヤ教上層部から憎まれており、やがて殺されるだろうということを承知していた。イエスはエルサレムに向かう途中で立ち去るように忠告されるが、「預言者がエルサレム以外で死ぬことはありえない」と言った（ルカ一三：三三）。イエスに従おうとする人も多かったが、しかし支持

エルサレム入城の場面を浮き彫りにした象牙板（10世紀、ベルリン、ボーデ美術館）。ビザンティン帝国で作られた

者の中にもイエスに、自分がメシアならはっきりそう言って欲しいと言い、イエスがなかなか言質を与えなかったので、いらだってイエスを嫌うようになったり、石で打ち殺そうとしたりする人たちもいた（ヨハネ一〇：二二〜三三）。それがエルサレム入城までの状況である。

一行はオリーブ山の方からエルサレムに近づいた。ベトファゲという場所でイエスは、向こうの村に行くとろばがつながれているからそれを引いて来いと言い、そのろばに乗って町に入った。マタイによると、それは「シオンの娘に告げよ。見よ、お前の王がお前のところにおいでになる、柔和な方で、ろばに乗り、荷を負うろばの子、子ろばに乗って」という預言が成就するためだった（マタイ二一：二）。旧約聖書の「ゼカリヤ書」（九：九）には、救世主の到来を預言する言葉として、これによく似た記述がある。そこでは主が「高ぶることなく」ろばに乗って来ると書かれ、救世主の謙譲の美徳が強調されている。

イエスがエルサレムに入るとき、大勢の群衆が自分の服を道に敷き、木の枝を切って道に敷いてイエスを迎えた。彼らは「ダビデの子にホサナ（救い給えという意味の、神を褒め称える言葉)」と叫んだ。大勢の部下を従え、馬に乗り、人々の歓呼を受けて町に入るのは、皇帝や将軍などが戦争で勝利し、征服した町に入城するイメージである。こういう場面はローマ美術の中で、皇帝の勝利を表すために繰り返し描かれた。キリスト教美術の中でこのエルサレム入城が描かれるときも、ローマ皇帝の入城場面が原型となった。

オリーブ山上から見たエルサレム。手前はキドロンの谷、中央は神殿の丘にある岩のドーム。遠方はエルサレム新市街

「ゼカリア書」には、救世主が現れる日に主はエルサレムの東にあるオリーブ山に立つと書かれている（一四：四）。また「エゼキエル書」にも、東の門が主が入る門であると書かれている（四四：一）。こうした記述から、前述のように黄金門は救世主が入城する門だった。それと重ね合わせるために、イエスはオリーブ山の方から来てエルサレムに入ったという筋書きになっている。

キリスト教では、エルサレム入城は復活祭より一週間前の日曜日と考えられ、「枝の主日」という祝日になっている。この枝が何の木であるかは聖書に書かれていないが、シュロ（ナツメヤシ）であると考えられてきたため、シュロの主日と呼ばれることもある。コーランには、マリアがシュロの木の下でイエスを生んだと書かれている（一九：

二二)。三三三年にエルサレムに来たボルドーの巡礼は、黄金門の横に、イエスのエルサレム入城のときに枝を取ったシュロの木があると書いている。

この日曜日から一週間で、磔刑、埋葬から復活までの話が展開する。これを受難週、あるいは聖週間などと呼ぶ。

主の祈りの教会

エルサレムは標高七五〇メートルほどのところにある。オリーブ山はキドロンの谷をへだててすぐ東にあるが、標高が八二六メートルであり、七〇メートルほどの高さの差がある。オリーブ山からは、エルサレムの旧市街が一望のもとに見わたせる。昔の町はどこも小さくまとまり、周囲を城壁で囲まれていたため、形象化も擬人化もしやすい。そうではあっても、エルサレムほどその全貌《ぜんぼう》を上からよく見ることのできる都市は少ないのではないだろうか。

オリーブ山上の、エルサレムを見晴らす位置には、四世紀になると教会が建てられた。そのひとつで、現在また再建されているものに、ラテン語で「Pater noster(私たちの父よ)」という名前の教会がある。これを日本語では「主の祈りの教会」という名で呼んでいるが、その理由について説明しておきたい。イエスはまだガリラヤ地方にいたとき、弟子たちに対して日々の生き方や心の持ちようを教えた。それは「山上の垂訓(説教)」と呼ばれ、その中の「汝《なんじ》の隣人を愛せ」「右の頬《ほお》を打たれれば左の頬を向けよ」などの言葉は、キリスト教の教えの代表的なものとして一般にもよく知られている。「Pater noster」は、そのときイエスが弟子たちに、このように祈りなさいと教えた祈りの言葉の出だし（マタイ六：九のウルガタ訳ラテン語）で、日本では古くから「天にましますの父よ」という文語訳で親しまれてきた。この祈りの言葉全体は「主の祈り」と呼ばれる祈禱文になっている。そこからこの教会は、日本語では「主の祈りの教会」と呼ばれているのである。

四世紀には、オリーブ山の上にある洞窟の中で、イエスが弟子たちとともに秘儀をおこなったと信じられていた（エウセビオス「コンスタンティヌスの生涯」第四三章）。エルサレムを訪れたコンスタンティヌスの母ヘレナは、その場所に大きな教会を建てた。ボルドーの巡礼は、コンスタンティヌスの命令で建てられたと書いているが、当時母と子のどちらが建てたかはあまり区別していなかったのだろう。その時代には、聖使徒教会と呼ばれていたらしい。また四世紀の巡礼エゲリアによれば、エレオナ（ギリシア語でオリーブの森）とも呼ばれていた。そのため、現在もまたエレオナ教会という名でも呼ばれる。

ヘレナのときに建てられた教会は、六一四年のペルシア侵攻で壊された。十字軍時代には、一一〇六年に小さな礼拝堂が建てられ、一一五二年にデンマークのヴィボー司教スヴェンの寄進でもっと大きな建物になった。スヴェンはこの教会内に埋葬された。この建物もサラディンの時代に破壊され、その後この場所は放棄されていたらしい。

一八五一年には、廃墟となった建物の石材は、墓石として売却されてしまった。一九世紀に、

主の祈りの教会

主の祈りの教会の地下にある、イエスと弟子たちが集まった洞窟と古い教会の遺構

フランスの貴族ラ・トゥール・ドーヴェルニュ家の女性オーレリア・ボッシがこの敷地を購入し、一八七〇年代にカルメル会修道会の修道院と教会を建てた。彼女は伝説にある、イエスや弟子が集まった洞窟を探したが、見つけることができないまま一八八九年にイタリアのフィレンツェで世を去った。一九一〇年になって、洞窟と最初期の教会の遺構が発掘された。すでに建てられていた建築を一部分移動させて、教会の建築工事が続けられた。洞窟や遺構は、回廊の中央部分の地下に保存されていて見ることができる。教会はゴシック風の建築である。しかし一九二七年には資金が枯渇したために、工事は中断された。そのため、建築は現在も未完成の部分があり、四角く閉じているはずの回廊も全部は作られていない。オーレリア・ボッシの遺骸は、遺言に従って一九五七年にこの教会に移され、彼女が願

っていたようにそこで安らかな眠りについている。この教会の回廊や庭、内部の壁には、一〇〇以上の言語に訳された「主の祈り」の言葉を記した陶板のパネルが設置されている。

主の泣かれた教会

主の泣かれた教会

オリーブ山上にあるもうひとつの教会は、Dominus flevit（ラテン語で「主は泣かれた」）と名づけられた教会である。エルサレムに近づきその姿が見えたとき、イエスは「やがて敵が来てお前（エルサレム）を包囲し、四方から攻めて破滅させるだろう。神が訪れる時をわきまえなかったからだ」と言って泣いた（ルカ一九：四一～四四）。福音書の他のところにも、神殿にいるときなどに、この神殿はやがて崩壊すると繰り返し予言するイエスの言葉が書かれている（マタイ二四など）。それは、ほどなく現実のものとなった。前述のように、紀元七〇年にローマ帝国軍はエルサレムを包囲して陥落させ、神殿を完全に破壊したのである。驚くべき予知能力と言うべきであろうか。しかし、福音書はユダヤ戦争より後で書かれたと考えられている。つまり、イエス自身の予言が当たったのではなく、福音書記者たちは結果を知ってから、過去になされたイエスの予言を作ったというわけだ。

イエスが泣いた場所はどことは書かれていないが、エルサレムの町がよく見えるところがその場所とされたのだろう。エレオナ教会などとも同じように、ビザンティン時代には教会が作られ、十字軍時代に再建され、その後、廃墟になった。オスマン時代にはトルコ人がモスクを建てていた。一八九一年にフランシスコ会がその場所の一部を購入し、小さな礼拝堂を建てた。残りの部分は、個人や聖ヨセフ姉妹会という女子修道院の間で所有権が転々としたが、一九四〇年にフランシスコ会が購入した。工事中に、紀元前二世紀から紀元後三〇〇年頃に使われた墓地が地下から発見された。

現在の教会は曲面と平面を組み合わせた斬新《ざんしん》な形で、イエスが流した涙をかたどっているらしい。一九五三年から五五年に、アントニオ・バルルッツィの設計で建設された。教会の内外で、発掘された床モザイクや柱頭を見ることができる。いずれも六世紀から七世紀はじめ、ビザンティン時代のものである。

ベタニア

オリーブ山をいったん離れ、聖書の物語の順に従って聖跡をたどろう。イエスはエルサレムに入ってから毎日神殿の丘やオリーブ山に行って、人々に教えを語ったり、病気を治したりした。また、神殿の中で多くの商人が商売をしているのを見て、乱暴に彼らを追い出した。それは「ゼカリヤ書」(一四：二一)で、救世主が来るとき主の神殿にもはや商人はいなくなる、と書かれている預言の成就であるとされる。

エルサレム入城の頃のイエスにかかわるひとりの女性のことが、福音書に記されている。イエスはベタニアというエルサレムの近くの村へしばしば足を運び、「らい病」患者シモンの家を訪問した。その家にいたとき、ひとりの女が高価なナルドの香油が入った石膏《せっこう》の香油瓶(ナルドの香油はヒマラヤ山脈の高山植物の根から抽出される香油。石膏は雪華《せっか》石膏またはアラバスターと呼ばれる半透明の石)を持ってきて、食事をしているイエスの頭にかけた(マタイ二六：六、マルコ一四：三)。イエスの弟子たちは「この香油を三〇〇デナリオン以上の値段で売って、貧しい人にほどこすこともできたのに」と怒った。三〇〇デナリオンは一世紀当時、ローマ軍の兵士の年俸くらいである。しかしイエスは、香油を注いだのは自分の埋葬の準備をしてくれたのだと言って彼女をかばった。香油は、死者を埋葬するときに塗ったり、副葬品として墓に収めたりするからである。同時に、メシアとは「油を塗られた者」という意味なので、イエスが救世主であることも重ねて暗示されている。

「ヨハネの福音書」では、この女性のことがもっとくわしく語られる。前段階として「ラザロの復活」のエピソードがある(ヨハネ一一)。ベタニアにマリアとマルタという姉妹が住んでいて、その兄弟のラザロが病気になった。姉妹はイエスに知らせたが、イエスはすぐには腰を上げなかった。ようやくベタニアに着いたときには、時すでに遅くラザロはもう死んで埋葬もされていた。姉妹がイエスが間に合わずラザロを治せなかったことを悲しんでいると、イエスは墓地に行ってラザロの墓を開けるようにと言った。マルタは、もう死んで四日もたっているので死臭がすると言ったが、墓を開けるとラザロはよみがえって出て来た、という物語である。

ラザロの復活の次に、過越の祭の六日前の話として、マリアの話が続く。福音書によって話の細部が少しずつ異なるが、「ヨハネの福音書」ではマリアは香油をイエスの頭ではなく足に塗り、自分の髪でぬぐったと書かれている（ヨハネ一二：一）。「ルカの福音書」にも類似したエピソードがあり、食事の席で「罪深い女」が泣きながらイエスの足を涙でぬらし、髪の毛でぬぐい、くちづけして香油を塗った（ルカ七：三六）。イエスはこの女性が、許されるべき罪が多い分だけ大きい愛を示してくれたと言った。さらに女性は、イエスの信奉者として名を記されている女性のひとりで「七つの悪霊を追い出していただいたマグダラの女と呼ばれるマリア」（ルカ八：二）と同一視された。また別のエピソードもある。ある村にマルタとマリアという姉妹が住んでいて、イエスが訪問するとマルタはもてなしのために立ち働いたのに、マリアはイエスの足もとに座って一心に話に聞き入った。手伝いもしないことをマルタがとがめると、イエスは「マルタは多くのことで心をわずらわされている。必要なことはひとつだけ、つまり教えを聞くことで、マリアはそれを選んだ」とマリアをかばった（ルカ一〇：三八〜四二）。

こうした四福音書の各部分にある記述をつきあわせてひとつにまとめることによって、元は身持ちが悪い女だったが悔い改め、ひたむきにイエスの言葉を聞き、イエスに高価な香油を塗った、そしてよく涙を流す、マグダラのマリアという名のキャラクターが成立した。マグダラのマリアはイエスの生涯の最後近くに登場し、死から復活にかかわって重要な役割を果たす。「最後の誘惑」や「ダ・ヴィンチ・コード」などの映画でも知られているように、マグダラのマリアはイエスの恋人であったとか、実はイエスと結婚していたというようなところに興味を置いた伝説も作られた。

ラザロの墓

ベタニアは、エルサレムから一五スタディオン（一スタディオンは約一八〇メートルなので、二・七キロほど）のところにあったと書かれているので（ヨハネ一一：一七）、イエスがヨハネから洗礼を受けた「ヨルダン川の向こうのベタニア」とは別の場所である。このベタニアは、オリーブ山の南東にあるパレスチナ自治区の町、アル・アザリヤである。この町の名はアラビア語で、ラザロにちなんでいる。エルサレムから距離は近いのだが、分離壁でへだてられているのでイエスが歩いた道をたどることはできず、検問所があるオリーブ山の北東側をバスで大回りしなければ行けない。

四世紀にはすでにここにラザロの墓があり、巡礼地にもなっていた。エゲリアがそこを訪れたときには教会があって、そのアトリウムから墓に入るようになっていた。そこから少し離れた、ラザロが死んでからイエスが村に来たときにマリアと会った場所にも小さな教会があった。

エウセビオスやヒエロニムスもここを訪れている。

十字軍時代の一一三八年には、エルサレム王国の女王メリザンドがこの教会に隣接して女子修道院を建て、妹のイヴェッタが修道院長になった。ラザロの墓には修道院から入るようになった。メリザンドは、ボードゥアン二世がまだエデッサ伯の地位にあったときに生まれた娘で、母はアルメニア王家の女性モルフィアだった。彼女はエデッサで幼少期を過ごし、一一一八年、一三歳のときに父がエルサレム王になったのでエルサレムに移り住んだ。ボードゥアンには息子がおらず、長女の彼女が後継者になった。メリザンドは一一二九年にエルサレムでアンジュー伯フルク五世と結婚し、翌年に息子が生まれた。フルクはメリザンドを政治から排除しようとしたが、彼女の方が宮廷内の勢力争いに勝ち、フルクは権力を失って、やがて狩猟中に事故死した。メリザンドは女王として、また息子ボードゥアン三世の後見人としてエルサレム王国を治めた。しかし息子が成長するにつれて、息子は母をうとましく思ったか、ふたりの間には軋轢《あつれき》が生まれ、彼女は政界からの引退を余儀なくされた。メリザンドは一一六一年に没して聖母マリアの墓の横に葬られたが、それについては後でも触れたい。

十字軍が撤退した後、一四世紀までにこの修道院は廃墟になっていた。一六世紀、オスマン時代には、その敷地の一部にアル・ウザイル・モスクが建てられた。これはラザロを記念したモスクで、ラザロの墓にはそこから入るようになっていた。キリスト教の巡礼もモスクを通って墓に入ったが、後にフランシスコ会がモスクの前の道から入る別の入口を作った。現在もそれが入口になっていて、急な狭い階段を数メートル下って行くと前室があり、さらにその奥に墓室がある。岩を掘って作った墓だが、内部の壁は石積みでしっくいを塗っていた跡がある。一九五四年に、モスクの東側にカトリックの教会が建てられた。バルルッツィの設計によるドームのある建物で、中にはベタニアにちなんだ場面の壁画が描かれている。この場所は廃墟になった教会・修道院の東の端にあたり、発掘された古い時代の床モザイクを見せている。また一九六五年にはモスクの西側にギリシア正教の教会が建てられて、モスクと二つの教会が並んでいる。

ちなみにビザンティンの言い伝えでは、ラザロは生き返

アル・ウザイル・モスク（左手前）、ラザロの墓の入口（階段の中ほどの左側）、ギリシア正教のラザロ教会（後方のドーム）

ラザロの墓の前室。墓室には下の穴から入る。イエスは上の小さい穴から埋葬されているラザロに「よみがえれ」と呼びかけたとされる

ってからキプロスへ行ってラルナカの司教になった。ラルナカの聖ラザロ教会には、ラザロが二度目に死んで葬られた墓がある。そこにあったラザロの遺骨はビザンティン時代にコンスタンティノポリスに移されたが、一九七二年に石棺に残っていた遺骨が発見されたと言われる。またフランスには、ラザロとマリアとマルタは南フランスへ行ったという伝説があり、ヴェズレーのサント・マドレーヌ大聖堂やパリのマドレーヌ教会（マドレーヌはフランス語でマグダラのこと）などがマリアの遺骨を分骨して安置しているとされる。

マグダラのマリアと芸術

ラザロは「ラザロの復活」の場面に描かれる以外は、そう個性的なキャラクターにはならなかった。一方、マグダラのマリアからは、多くの芸術家たちがインスピレーションを受けた。長い髪の美しい女性と考えられて、美術の主題となることも非常に多い。絵に描かれるときは、香油瓶が彼女のアトリビュート（人物のしるしになる持ち物）となる。ロヒール・ファン・デル・ウェイデンの「ブラック祭壇画」（一四五〇年頃、ルーヴル美術館）に描かれたマグダラのマリアは、イエスの方を向いて香油瓶を捧げ持ち、目からあふれ出た涙が頬を伝う。

J・S・バッハの「マタイ受難曲」は、マルティン・ルター訳のドイツ語版「マタイの福音書」などを歌詞として、イエスの受難と埋葬までを物語る長大な音楽劇である。マグダラのマリアが心づくしの香油をイエスに塗ったことをもったいないと口々に責める弟子たちの声は、オーケストラ伴奏の大合唱で歌われる。その後の女声アリア「悔いの悲しみは」は、マグダラのマリアの独唱である。マリアはフルートのやさしい旋律に導かれるようにして、悔恨に身を引き裂かれて流す私の涙があなたに注ぐ香油になりますと切々と歌う。

「ブラック祭壇画」と同じロヒールが描いた絵でも、断片となって残っている「読書するマグダラのマリア」(一四三五年頃、ロンドン、ナショナル・ギャラリー)のマリアは、香油瓶を横に置き、長い髪をつつましく布で包んで本を読む。これは聖書に典拠はなく、ロヒールが創作した場面である。イエスが天に昇った後のマリアが、かつてイエスの足もとに座ってその言葉に

ロヒール・ファン・デル・ウェイデン「ブラック祭壇画」部分、マグダラのマリア(1450年頃、ルーヴル美術館)

ロヒール・ファン・デル・ウェイデン「読書するマグダラのマリア」(1435年頃、ロンドン、ナショナル・ギャラリー)

聞き入ったときのように、床に座って聖書に書かれたイエスの言葉を何度も読み返しているところなのであろう。マリアはもう泣いてはいない。イエスと出会ってからその死と復活を見届けてたくさんの涙を流した後、静かな安らぎの境地に達したように思われる。

マグダラのマリア教会

オリーブ山のふもとには、マグダラのマリア教会がある。そこは聖書に記された彼女の事績と直接に関連する場所ではないが、ここで取り上げておきたい。

一八八一年にロシア皇帝アレクサンドル三世はエルサレムを訪問した。そのとき彼は、前年に亡くなった母マリア・アレクサンドロヴナがマグダラのマリアを守護聖人としていたので、マリアに捧げる教会を建てることを決めた。一八八八年に完成したのが、このマグダラのマリア教会である。ロシア正教の教会であり、よく「たまねぎ形」と形容される金色のドームを持つ、完全にロシア風の外観の建物である。オリーブ山の斜面にあって、他の建物とは違うこの教会の外見は目を引く。

このマリア・アレクサンドロヴナは、もともとドイツのヘッセン大公の娘としてフランクフルトに近いダルムシュタットで生まれた女性で、ロシア皇太子だったアレクサンドル二世に嫁いだ。またアレクサンドル三世の子でロシア最後の皇帝となったニコライ二世も、ヘッセン大公の娘アレクサンドラ・フョードロヴナと結婚した。このようにロシアの皇族とヘッセン大公家には深い婚姻関係があり、ニコライ二世も妻のドイツへの里帰りに同行したので、ダルムシュタットにも同じく金のたまねぎ形ドームを持ったロシア建築の礼拝堂（一八九七～九九年）がある。

アレクサンドル二世の五男だったロシア大公セルゲイ・アレクサンドロヴィチも、ヘッセン大公の娘であるエリザベータ・フョードロヴナと結婚した。彼は一九〇五年にテロリストに暗殺されたが、その後もエリザベータは国外に逃げようとせずロシアにとどまった。一九一七年にロシア革命が起きると彼女は捕らえられ、エカテリンブルクに送られて、一九一八年に他の皇族たちとともに殺された。彼女の遺骨は、終生つき従っていた修道女バルバラの遺骨とともに、一九二一年にこの教会に移されて埋葬された。一九八一年にロシア正教会は、このふたりをロシア革命の殉教者として列聖した。

マグダラのマリア教会

最後の晩餐

マグダラのマリアのエピソードに続くのが、最後の晩餐である。過越の祭が近づいたので、イエスは弟子たちと過越の食事をする場所を用意しようとして、弟子に「都へ行って水がめを運んでいる男について行き、その男が入っていく家の主人に聞くと、席が整って用意のできた二階の広間を見せてくれる」と言った（マルコ一四：一二〜一四など）。弟子が行くと言われた通りだったので、そこを予約した。夕方、イエスは弟子たちと一緒にそこへ行った。そのときすでに、弟子のひとりイスカリオテのユダはイエスを裏切ろうとし、ユダヤの祭司長のところへ行って、銀貨三〇枚をもらってイエスを引き渡す裏取り引きをしていた。

「ヨハネの福音書」（一三：一〜二〇）では、食事の前にイエスは手ぬぐいを腰に巻き、たらいに水をくんで弟子たちの足を洗った。もう自分が死ぬことがわかっており、弟子たちを愛していたからである。ペトロが恐縮していると、イエスは「そうしなければあなたと私の関係がなくなる」と言い、ペトロは「それなら手も頭も洗って下さい」と言った。イエスは、自分を手本としてあなたがたも互いに足を洗うようにと言った。ちなみに神奈川県にある学校法人、洗足学園の名はこの事績にちなんでいる。

食事が始まると、イエスはパンを裂いて祈りを唱えてから「これは私の体である」と言って弟子たちに分け、またワインの杯を取って「これは多くの人々の罪が許されるように流される私の血である」と言って弟子たちに飲ませた。このエピソードを原型として、その後キリスト教のミサでは、パンとワインを信者たちが分け合う聖体拝受（聖体拝領）がおこなわれるようになった。

最後の晩餐ではさらに、イエスは食事をしているこの弟子たちの中に自分を裏切る者がいると言った。福音書によって書き方が少し違うが、弟子たちは皆「自分ではないでしょう」と言った。ペトロはヨハネにそれは誰か聞いてみろと言い、ヨハネはイエスの胸もとに寄りかかって誰なのかと聞いた。イエスは「私と一緒に手で鉢に食べ物を浸した人が裏切り者だ」（マタイ二六：二三、マルコ一四：二〇）、あるいは「私がパン切れを浸して与えるのがその人だ」（ヨハネ一三：二六）と言ってユダを告発した。ユダは食事の席から去って行った。これが最後の晩餐の物語である。

最後の晩餐の部屋は、エルサレムでも人気の聖地になっている。場所は、旧市街からシオン門を出てすぐのところ、シオンの丘である。後述する聖母の眠り教会の横にある入口を入り、二階に上がって屋上を少し進むと、大きな部屋に入る。そこが洗足と最後の晩餐のおこなわれた部屋である。ここに来るには二階部分を少し歩くのでわかりにくいが、前に述べたダビデの墓の二階である。この部屋の天井は、典型的なゴシック建築の様式で、一二〜一三世紀に作られたと考えられる。

なぜ最後の晩餐の部屋がここにあると考えられるのであろうか。少し面倒な話になるが、順を追って経過を見ていきたい。四世紀にキリスト教徒のエルサレム巡礼が始まった頃は、オリーブ山のエレオナ教会が、イエスと弟子たちが集まった場所でもあり、最後の晩餐の場所でもあり、またイエスが昇天した場所でもあったとされていたらしい。昇天の場所については後でも述べるが、三七四年頃にすぐ近くに別の昇天礼拝堂が作られた。最後の晩餐の場所については、「都」つまり城壁内にあるはずなので、エレオナ教会にあるのは不自然だと考えられたのではないだろうか。当時のキリスト教徒たちもその場所を特定しようとしたが、聖書の記述とうまくつじつまのあう有力な候補地はなかったようである。

三四八年までの間に、シオンの丘に最初のシオン教会が建てられた。そこは聖霊降臨のあった場所とされた。聖霊降臨の物語は、四福音書後の弟子たちの行動を記した「使徒言行録」に書かれている。イエスが昇天した後、弟子たちはオリーブ山からエルサレムに戻り、泊まっていた家の「上の部屋」で集会を開いた。彼らは、過越の祭から五〇日目のユダヤの祭日である五旬節（五旬祭またはペンテコステとも言う）にもまた集まっていると、炎のような舌がひとりひとりの上に現れ、彼らは聖霊に満たされて外国語が話せるようになり、各国からエルサレムに来ていた人たちを驚かせた。これが聖霊降臨のエピソードである（使徒言行録二：一〜一三）。この祭日はキリスト教にも取り入れられ、復活祭から五〇日目を祝うようになる。

エゲリアは三八四年の受難週（エルサレム入城から復活までの一週間）をエルサレムで過ごし、そこでおこなわれた典礼についてくわしく記録している。彼女は、復活祭前の木曜日に最後の晩餐の後でイエスが逮捕されたことを述べ、シオンから聖墳墓教会まで行列があったことを記し、同じ旅行記の後の方で、シオンが聖霊降臨の場所だったと述べている。それにもかかわらずエゲリアは、最後の晩餐の場所については触れていない。またサラミス司教エピファニウス（三七四〜三九四年）は、シオンがイエスの弟子たちがオリーブ山でのイエスの昇天を見た後で集まった場所であり、七〇年のユダヤ戦争のときに破壊を免れたところだと述べている。こうした記述の中で最後の晩餐について言及されていないことから考えて、四世紀の段階でシオンの丘は聖霊降臨の場所ではあっても、最後の晩餐と関連づけられてはいなかったように思われる。

三九四年から四一七年の間に、初代のシオン教会はエルサレム司教ヨハネス二世によって大きく建て替えられ、「聖なるシオンのすべての教会の母なる教会」と呼ばれるようになった。また四五〇年以後、エウドキアはカイアファの屋敷の跡に、聖霊降臨の教会を建てた。こうした建築活動の中で六世紀までに、イエスの昇天の後で弟子たちが集まった「上の部屋」と、聖書の中ではその次の節で語られる聖霊降臨の部屋と、最後の晩餐がおこなわれた「二階の部屋」は同じと考えられるようになったと思われる。このグループの行きつけの店というところであろう。このときにはシオンの丘は城壁で囲まれていたから、「都に行って」という記述と矛盾しない。うまく物語と場所がつながって、聖地が生まれたわけである。

シオン教会は、六一四年のペルシア侵攻で被害を受けたが、再建された。六八〇年にフランク人の司教アルクルフがそこを訪れたときには、そこの大きな部屋の中に最後の晩餐の場所と聖霊降臨の場所があり、また聖母マリアの眠りの場所もそこに設定されていた。しかし九六五年にこの教会もアラブの攻撃で炎上した。イスラム統治下でシオンの丘の部分の城壁は作り直され、ここは城壁の外になった。

一〇九九年に十字軍がエルサレムを奪取したときには、ここには廃墟があるだけだった。エルサレム王国時代の一二世紀に、その場所にシオンのマリア教会と修道院が建てられた。これは非常に大きく、城壁外になっていたので堅固に作られた建物であった。その教会の南東の端の二階に最後の晩餐と聖霊降臨の部屋が作り直され、またその一階はダビデの墓となった。その近くに、カイアファの屋敷の教会も作られた。

サラディンがエルサレムを攻略したとき、そのシオン教会もまた損害を受けた。サラディンはその後、修道院を取り壊し、その石材を城壁の再建に使ったらしい。建築のほぼ全体は失われていったが、最後の晩餐・聖霊降臨の部屋とダビデの墓の部分は確保されて補修され、巡礼も訪れるようになった。現在見られる、ゴシック式の天井は、そのときに作られたと考えられる。一三四六年までにフランシスコ会が、この土地を取得した。その後、部屋の横に回廊が作られて整備が進んだ。

一四五〇年頃に、イスラム教徒がこの場所の管理権を得て、キリスト教徒は追い出された。その後、フランシスコ会とイスラム教徒の間で使用権をめぐる交渉が続いたが、オスマン帝国のスレイマン一世はフランシスコ会をこの場所全体から閉め出した。スレイマン一世によって城壁はまた作り直されてこの場所はシオン門のすぐ外になっていたが、武装したフランシスコ会がこの場所に陣取っているのは防衛上危険だと考えられたからである。それ以後は、キリスト教徒もユダヤ教徒も、ほとんどここに来ることはできなくなった。建物に大きな改変は加えられなかったが、先述のようにダビデの墓・最後の晩餐の部屋はモスクになった。最後の晩餐の部屋の壁に、メッカの方向を示すミフラーブがつけ加えられたのはこの時代である。

長い間その状態が続いたが、第一次中東戦争と一九四九年の停戦合意後、ここはイスラエル政府が所有するようになり、一階は前述のようにダビデの墓としてユダヤ教徒の聖地となり、二階は最後の晩餐の部屋として再びキリスト教徒の聖地とされた。二階の部屋は、複数のエピソードにかかわる場所であることに変わりはないが、聖霊降臨の部屋よりも最後の晩餐の部屋へと、重点を置くエピソードが変わってきた。それは、レオナルド・ダ・ヴィンチが描いたミラノのサンタ・マリア・デレ・グラツィエ教会の壁画「最後の晩餐」（一四九

最後の晩餐の部屋への入口（中央のアーチ型の扉）。写真左端の建物は聖母の眠り教会

最後の晩餐の部屋。左端の装飾のあるくぼみは、メッカの方角を示すミフラーブ

レオナルド・ダ・ヴィンチ「最後の晩餐」（部分）（1495～98年、ミラノ、サンタ・マリア・デレ・グラツィエ教会）。イエスは「私と一緒に手で鉢に食べ物を浸した人が裏切り者だ」と言ったので、同じ鉢に手を伸ばすユダは思わず手を止める。背後でペテロがヨハネに耳打ちする

五～九八年）がひときわ有名な美術作品になったために、最後の晩餐という言葉が一般にも広く知られるようになったことの影響が大きいように思われる。

ゲツセマネ

最後の晩餐の後、一同はオリーブ山へ行った。イエスは弟子たちに、「今夜あなたがたは私につまずく」と言った。弟子たちの離反を予言したのである。ペトロは「たとえ皆があなたにつまずいても、自分は決してつまずかない」と言った。イエスはペトロに「はっきり言っておくが、今夜鶏が鳴く前に、あなたは三度私のことを知らないと言うだろう」と言った（マタイ二六：三四など）。その聖跡については、後で述べたい。

一行がオリーブ山に来ると、イエスにはもうすぐ自分が死ぬことがわかっていたのでもだえ苦しみ、弟子を待たせて、父である神に対し「この（毒の）杯を私から取りのけて下さい。しかしそれが父の意思であれば御心のままに」と祈った。イエスが弟子たちのところに行くと、

彼らはイエスの気持ちも知らずに眠っていた。イエスは「心は燃えても、肉体は弱い」（マルコ一四：三八）と弟子たちをたしなめたが、彼らは起きていることができなかった。

そうしているとユダが兵士たちや、棒や剣などを持った大祭司の手下たちを大勢連れて来た。夜中なので彼らはたいまつを持っていた。ユダは、自分が接吻《せっぷん》するのがイエスだから逮捕しろと合図を決めていた。ユダはイエスに近づき、「先生、こんばんは」と言って接吻し、人々はイエスを捕らえた。「ヨハネの福音書」では、イエスは自ら名乗り出たことになっている。ペトロは剣で、マルコスという大祭司の手下の耳を切り落としたが、イエスはそれをたしなめ、「父がお与えになった杯は飲むべきではないか」と言って縛についた。弟子たちは皆、イエスを見捨てて逃げてしまった。

ゲツセマネの園

この場所について、「ヨハネの福音書」はイエスが逮捕された場所として「キドロンの谷の向こうの園」（ヨハネ一八：一）と書いているが、ゲツセマネという言葉はない。マタイとマルコでは、ゲツセマネと書かれているが、それがどこにあるかは書かれていない（マタイ二六：三六、マルコ一四：三二）。ルカでは、「オリーブ山」と書かれている（ルカ二二：三九）。それらの記述を総合すると、キドロンの谷の向こうのオリーブ山に

万国民の教会

万国民の教会。祭壇の手前の床にあるのが、イエスが祈った岩。正面の壁にはその場面が描かれている

ゲツセマネの園があったということになる。

現在のゲツセマネの場所は、オリーブ山のふもと、黄金門の向かい側で、早くからキリスト教の巡礼地になった。四世紀の複数の文献に、ゲツセマネは現れる。ボルドーの巡礼は、オリーブ山に向かってエルサレムを出ると左に、ユダがイエスを裏切ったところがあると書いている。ただし彼は、そこはブドウ畑であると言っている。現在ゲツセマネの園とされているところは、一六八一年にクロアチアの三人の騎士が購入して、フランシスコ会に寄付した。そこにはオリーブの古木が何本も生えている。その木の年代を調べて、イエスと同じ年代であることを立証しようとした研究もあったが、成功はしていない。

ゲツセマネには四世紀に教会が建てられた。また一二世紀にも十字軍が礼拝堂を建てたが、それはどちらも放棄されていた。一九一九年からフランシスコ会が、五年間かけて万国民の教会を建てた。その工事の中で、もっと古い時代に建てられていた教会の基礎が見つかった。二〇二〇年には、その地下の工事の中で、ミクワー（ユダヤ教の儀式に使われる浴槽）のある地下空間が発見された。報道によれば、それは二〇〇〇年前のもので、この場所で古くから宗教的な儀式がおこなわれてきたことの証拠であると、フランシスコ会は発表した。

万国民の教会は、イタリアのロマネスク教会のような三連アーチの堂々とした正面を神殿の丘の方に向けている。この内部、祭壇の手前には大きな岩盤がむきだしになっており、その岩の上でイエスが神に祈っていたと信じられている。

カイアファの屋敷と鶏鳴教会

イエスはゲツセマネで逮捕された後、ユダヤ教の大祭司カイアファのところへ連れて行かれた。「ヨハネの福音書」では、最初はカイアファのしゅうとであるアンナスのところに連れて行かれたと書かれている（ヨハネ一八：一二）。祭司長たちや最高法院の人たちは、そこで裁判を開きイエスを死刑にしようとして、裁判で偽証をする証人を集めた。

最高法院（サンヘドリン）とは、ローマ帝国支配下のユダヤ人による政教が合体した自治組織で、七一人の議員で構成されていた。ユダヤ人に対する裁判もおこなったが、人を死刑にする権限はなく、ローマ帝国から派遣されたユダヤ属州総督がその権限を持っていた。昔は王などの権力者が、死刑も含めて何でも好き勝手に決めていたと思われがちだが、実際にはローマ帝国では法体系が高度に発達し、どういう官職の人がどういう権限を持っているかは法で定められていた。聖書の物語に信憑性を持たせるためには、どのような手続きを踏んでイエスに死刑判決が出たかという重大事について、いい加減なことを書くわけにはいかなかっただろう。

カイアファの地位である大祭司とは、ユダヤ教の最高の長老である。ヨセフスは「ユダヤ古代誌」の最後の章で、大祭司制についてわざわざ説明している。最初の大祭司はモーセの兄アロンで、それ以後大祭司職は連綿と続いていた。王がいないときは大祭司が事実上の君主であり、ハスモン朝では国王が大祭司職も兼任した。また大祭司は王から任命されるが、ヘロデ王は伝統を破って自分の息のかかった者を大祭司に任命したと、ヨセフスは批判している。ヘロデ王の死後はユダヤの王位が絶えたため、大祭司はローマ総督から任命を受けた。カイアファは実在する人である。「カイアファの息子ヨセフ」が実際の名前で、紀元一八年頃から三六年頃まで大祭司をつとめた。アンナスも実在し、その前の六年から一五年まで大祭司だった。カイアファのときにも「元総理」のような形で権力を持っていたのだろう。「祭司長」についてはよくわからない。祭司のうちでも特に長老的な人たちだったかと思われる。

捕らえられたイエスの裁判は夜を徹しておこなわれたが、イエスは完全黙秘し、有罪にする決定的な証拠は見つからなかった。最後にカイアファがイエスに対して「お前は神の子、メシアなのか」と尋問すると、イエスは「あなたたちはやがて、人の子が全能の神の右に座り、天の雲に乗って来るのを見る」と答えた（マタイ二六：六四など）。カイアファは、それが神への冒瀆《ぼうとく》であり死罪に値すると言った。カイアファは自分の服を引き裂きながらそう言うが、それは言ったことはくつがえらないという意味である。

さて、ペトロはゲツセマネの園でイエスが逮捕されるとき、マルコスの耳に切りつけたものの、その後はイエスを見捨てて逃げてしまった。しかし彼はイエスが心配になり、裁判がおこなわれているカイアファの屋敷の中庭に来て、様子をうかがっていた。そこへひとりの女が来てペトロに近づき、あなたはガリラヤのイエスと一緒にいたと言った。ペトロはそれを否定して、「何を言っているのかわからない」と言った。また他の女がペトロを見て、彼はイエスと一緒にいたと言ったが、ペトロは「そんな人は知らない」と言った。皆が集まって「いや、ガリラヤ方言でわかる」と言うと、ペトロは「そんな人は知らない」と誓った。すると鶏が鳴いた。ペトロはイエスが「明日鶏が鳴く前にあなたは三度私を知らないというだろう」と予言したことを思い出し、外に出て激しく泣いた（マタイ二六：七五など）。

ボルドーの巡礼は、シロアムの池からシオンの丘に登ってくる途中の城壁の外で、カイアファの屋敷だった場所を見ている。そこにはイエスを縛って棒で打った柱が立っていた。その後、四五七年にそこに教会が建てられた。現在のシオン門から二〇〇メートルほどの場所だが、南のゲヘナに向かって下る、かなりの急斜面である。いつからかはわからないが、そこではイエスが柱に縛られたことより、ペトロの否認のエピソードが重視されるようになっていったらしい。その教会はアラブの侵攻によって壊され、十字軍時代には再建されたがまた壊されて、その後長い間廃墟のままであった。現在の建物は一九三一年に再建されたもので、「ガリカントゥの聖ペトロ教会」あるいは鶏鳴教会と呼ばれている。ガリカントゥは鶏、あるいはカラスが鳴く擬音らしい。

教会の入口は急斜面の上の方にあり、ビザンティンの教会のようなドーム建築になっている。内部は壁画や天井画で飾られ、ドームには大きな十字架型の天窓がある。この教会を建てると

鶏鳴教会

鶏鳴教会。イエスが登ったとされる石段

きに発見された五世紀の建築の床モザイクが、内部の壁に展示されている。そこから階段で下に降りると、急斜面の下の方の地面に出、さらに地下の洞窟を見て回るようになっている。その洞窟は、カイアファの屋敷の下にあった牢獄《ろうごく》で、イエスはここに捕らえられていたとされる。また石の階段があって、イエスがそこを登ったと説明されているが、もちろん根拠はない。斜面を見晴らすテラスには、ペトロがふたりの女性から告発を受け背後にローマ兵が立つ、現代に作られた彫刻がある。

象牙彫刻（420～430年頃、ロンドン、大英博物館）。右端がペテロの否認。中央は十字架をかつぐイエス、左端は手を洗うピラト

　ペトロの否認の場面は、古くからキリスト教美術の主題となっていた。ペトロはイエスの一番弟子格であるが、しばしば人間の弱い面を見せながら、また思い直してはイエスの後を追おうとする。そういう姿が人はどうあるべきかというメッセージとなるのだろう。四二〇～四三〇年頃に作られた象牙《ぞうげ》彫刻では、十字架をかつぐイエスを中心としたパネルの右端に、女性に指さされてのけぞるペトロと、その上にいる鶏が表される。カイアファの屋敷の中庭でペトロはたき火にあたっていたと書かれているので、ペトロの前には脚のついた火鉢のようなものも置かれている。場面の要点をシンプルかつ的確にまと

めた表現で、これでペトロの否認の物語が十分に理解されるようになっていたことがうかがえる。

さて、大祭司の屋敷でもあり多人数のサンヘドリンが開かれた場所がこのような急斜面にあるのは少し不自然に思われる。実際、シオン門のすぐ外側にもカイアファの屋敷跡とされるところがある。ただしそこは現在アルメニア使徒教会の敷地で、一般公開はされていない。そこが元来のカイアファの屋敷跡であるなら、鶏鳴教会の場所は何に関連していたのだろうか。断絶の時期が長かったのでそれは明らかではないが、ペトロが外に出て激しく泣いた場所であったとする説もある。

ピラト

イエスはカイアファの屋敷での尋問の後、ローマ総督ピラトから尋問を受けた。このピラト、ラテン語ではポンティウス・ピラトゥスも実在する人物で、ローマ皇帝がティベリウスのときに任命され、紀元二六年から三六年までユダヤ属州の総督をつとめた。総督が常駐していたのはエルサレムではなく、一〇〇キロほど離れた沿岸部の都市カイサリア・マリティマで、エルサレムには必要なときに巡回してきた。

ピラトは着任したとき、ローマ皇帝の胸像がついたトロパイオン（軍の旗印）をカイサリアからエルサレムに持ち込んだ。ローマのトロパイオンとは、彫刻や武具などがついた柱状のものである。ユダヤ教で偶像崇拝は禁じられているので、ユダヤ人たちは撤去を求めて陳情した。陳情が六日目になるとピラトは兵士にユダヤ人たちを取り囲ませて、陳情をやめなければ殺すと脅したが、ユダヤ人たちは地面に身を投げ出し、律法を犯すよりは喜んで殺されようと言った。ピラトはそれに気圧されて、トロパイオンをエルサレムから撤去してカイサリアに戻したとヨセフスは述べている（ユダヤ古代誌XVIII - 三）。

異民族を征服しトロパイオンを立てるローマの兵士たち。「ゲンマ・アウグステア」（1世紀前半、ウィーン、美術史美術館）の浮き彫り

さて、ピラトはイエスに「お前はユダヤ人の王なのか」と聞いたが、イエスは「それはあなたが言っていることだ」と答えた。ピラトはイエスを罪に問う根拠を見つけられなかった。過越の祭には囚人をひとり釈放する習慣があったので、ピラトは群衆に対し、人殺しのバラバかイエスのどちらを釈放して欲しいか聞いたが、群衆はバラバを釈放してイエスを十字架につけるよう叫んだ。暴動になりそうだったので、ピラトは手を洗ってこの決定に自分は責任がないと言い、イエスを十字架につけるために引き渡した。

福音書記者たちがピラトを悪者あつかいしないように注意しているのは明らかである。ユダヤ人たちが何度もローマ帝国に対して反乱を起こしていた一～二世紀、草創期のキリスト教徒たちは親ローマ派であり、またユダヤ教徒と同一視されたくなかったので、イエスを殺した責任はローマ総督にはなくユダヤ人にあるという筋書きにしたのだ。マタイは、ピラトに対して妻から「あの正しい人（イエス）に関係しないで下さい」と伝言があったというエピソードをつけ加えている（二七：一九）。またヨハネは、ピラトが繰り返しユダヤ人に対して「イエスに罪を見いだせない」と念押ししたが、ユダヤ人たちは「王と自称する者は皇帝に背いている」、つまりイエスを釈放するとピラトも皇帝に対する反逆罪に問われるぞ、という理屈を持ち出したと書いている（一九：一二）。どれもイエスへの判決をユダヤ側の責任にするための筋書きである。

イエスはピラトの官邸で、兵隊から暴行を受けた。彼らはイエスに紫、または赤の衣を着せ、茨《いばら》で冠を編んで頭にかぶせ、葦《あし》の棒を王錫《おうしゃく》のように持たせて、「ユダヤ人の王万歳」と言って侮辱した。またその葦の棒でイエスを打った。茨の冠と葦の棒のエピソードがあるのは、何度も述べるが救世主とはダビデのような国王であると理解されており、冠と王錫と紫の衣が王位を示すしるしだったからである。ヨハネは救世主という言葉の持つ政治性をどう説明するかということについて特に慎重で、イエスが「私の国はこの世には属していない。自分は真理について語っている」と言い、ピラトが「真理とは何か」と問い直して、話のわかるピラトとイエスとの間で、いわば哲学的な議論になったように書いている。使徒たちにはいろいろな考えの人がおり、たとえば熱心党のシモンもいた。熱心党は、祖国の独立のためには武力闘争も辞さないという党派である。ヨハネは、イエスの教えはあくまで精神的なものであって、何らかの政治勢力の独立とローマ帝国からの離脱を目指すような政治活動ではない、と念押しをしたわけである。

総督官邸（プラエトリウム）

イエスは総督官邸から十字架を背負って刑場までの道を歩かされた。イエスの人生の最終段階である。その総督官邸は、どこにあっただろうか。

マタイとマルコの福音書では、イエスはピラトから尋問され死刑判決を受けた後で総督官邸に連れて行かれ、ローマの兵士から暴行を受けたと書かれている。ピラトがどこでイエスを尋問し死刑判決を下したかはよくわからない。「ルカの福音書」では、ピラトはそのときエルサレムに来ていたガリラヤの領主ヘロデ（・アンティパス）のところにイエスを送り、また戻されてきたイエスをユダヤ人に引き渡したと書かれているが、総督官邸という言葉は出てこない。「ヨハネの福音書」ではまた説明が異なり、イエスはカイアファのところから総督官邸に連れて行かれ、そこでピラトから尋問を受けた。過越の祭のときにユダヤ人たちは支配者であるローマ総督の官邸に入りたがらなかったため、ピラトは中に入ってイエスを尋問したり、外に出てユダヤ人たちと話し合ったりし、外の「ガバダ」（敷石）というところでイエスを裁判の席につかせたと書かれている。

紀元前一世紀にユダヤ王国がローマに従属するようになってから、エルサレムにローマ軍が駐留した。駐屯地はヘロデの建てた宮殿の場所、つまり現在のダビデの塔の南側を中心としていた。総督官邸もヘロデの宮殿内にあったようで、紀元後一世紀の総督ゲッシウス・フロールスは宮殿内の自分の区域で裁判を開いたとヨセフスは述べている（ユダヤ戦記二：一四）。それがイエス時代の状況である。ユダヤ戦争やバル・コクバの乱、ハドリアヌスによる再建によってエルサレムは変わったが、その後もローマ軍はヘロデの宮殿だったところに駐留した。総督官邸もそこにあったと思われる。ヒエロニムスは四〇四年の手紙の中で、後援者のパウラがエルサレムに来たとき、彼女は上流階級の人だったので、宿泊地として官邸を提供したいと総督から申し出があったと書いている。

しかしその本物の総督官邸は、一般人はお断りの場所だっただろう。これとは別に巡礼が訪れる聖地として、イエスが裁かれたピラトの総督官邸というところが作られていたようで、いくつかの巡礼記に書かれている。ボルドーの巡礼の記録を読むと、三三三年の時点ですでにあったところの右手にピラトの総督官邸の壁とされるものが、シオン門から町に少し入ったところの右手にピラトの総督官邸の壁とされるものが、三三三年の時点ですでにあった。廃墟になった建物がそう呼ばれていたのだろうか。それと同じ場所かどうかはわからないが、その後整備が進められたらしく、六世紀のピアチェンツァの巡礼記では、神殿の丘に向かい合う位置に聖ソフィア教会があって、そこにピラトの官邸があったと書かれている。そこにはピラトが座った椅子と、イエスが立たされた石があり、石にはイエスの足跡がついていた。また官邸内にイエスのイコン（聖画像）があって、整った顔とくせ毛と美しい手と長い指をしていたと言う。このように具体的に書かれているので、当時そういう聖地があったことは間違いがないだろう。五〇〇年頃のエルサレムのガイドブック「ブレヴィアリウス」（要約という意味）に

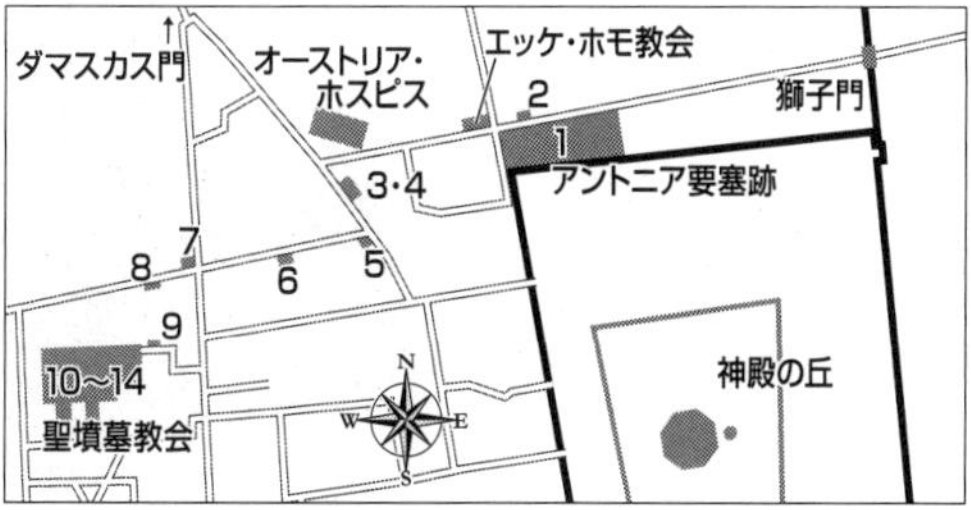

ヴィア・ドロローサ　数字はステーションに対応

も、聖ソフィア教会にピラトの官邸があると書かれている。しかしこの聖ソフィア教会のことは、その後記録には出てこなくなる。ペルシアの侵攻で破壊され、再建はされなかったようである。神殿の丘の西側で、東のカルドに面していたという説もあり、現在の嘆きの壁の前、西の壁プラザのあたりかとも思われる。

　その後かなり時代が後になってから、総督官邸は次に述べるヴィア・ドロローサの起点として、神殿の丘の北側にあったとされるようになった。総督官邸がダビデの塔付近や聖ソフィア教会ではなく神殿の丘の北にあるという考え方は、神殿の丘の北側にアントニア要塞があり、そこに総督官邸が置かれていただろうという考え方にもとづいている。アントニア要塞は、ヘロデが神殿を守るために建設した要塞で、神殿の丘に隣接していた。東西約八〇メートル、南北約四〇メートルの四角形で、四隅に高い塔があったと考えられている。アントニアとは、ローマの有力者でヘロ

神殿の丘から見たアントニア要塞の跡。現在は学校が建てられている。左側の塔は13世紀末に建てられたアル・ガワニマ・ミナレット

デの庇護者であったアントニウスのことで、彼の歓心を買うためにつけた名であった。神殿で大祭司が犠牲を捧げるときに着る祭服は、このアントニア要塞に保管されていた。ヨセフスの記述によると、ヘロデの死後、アントニア要塞にはローマ軍が駐留するようになったため、祭服はローマ側が管理して、祭儀のときには大祭司と担当の係がローマの守備隊長からそれを借り出しに行った。ただ規模から考えるとそこはローマ軍の詰め所のひとつではあっても、主たる基地ではなかっただろうという見方もある。

ヴィア・ドロローサ

ヴィア・ドロローサとはラテン語で「苦しみの道」という意味で、イエスが死刑判決を受けてから十字架をかついで刑場であるゴルゴタの丘に向かった道のことである。この道を定めたのはフランシスコ会で、途中には「ここでイエスがこうした」というスポットも設定されている。このスポットは、ラテン語ではスタティオ、英語でステーションと呼ばれ、日本語では「留《りゅう》」と訳される。巡礼たちはそのステーションに着くたびに足を止めて祈りを捧げ、イエスの苦難を追体験しながら聖墳墓教会に向かうようになった。

普通の巡礼団もその道を歩くが、イエスが十字架にかけられたとされる金曜日にはフランシスコ会の修道士を中心とする信者たちが聖墳墓教会までの行列をおこなう。受難週の金曜日は何百人もの行列になる。フランシスコ会がヴィア・ドロローサのルートを定めようとしたのは早ければ一四世紀で、一六世紀頃にはステーションもいくつか置かれていたようであるが、現在の道筋になったのはもっと遅く、一九世紀後半から二〇世紀はじめのことである。また最後の聖墳墓教会に入ってからは、どこが何番目のステーションかということが必ずしもはっきり決まっているわけではない。ヴィア・ドロローサはエルサレムの中に作られた大仕掛けの体験型聖跡としてもっとも成功したものと言えよう。ただしこれから見ていくように、ステーションの場所の根拠だけでなく、もとになる聖書の典拠がない場合もある。

フランシスコ会が、第一ステーション、つまりイエスがピラトに裁かれたところとしている場所は、ヴィア・ドロローサの南側にある、昔のアントニア要塞の場所である。そこは要塞の名残で兵舎に使われたり、イスラム教の神学校ができたりした後、一九二三年からはアラブ人のためのウマリヤ男子学校の敷地になっている。そこにはキリスト教関係の建物は何も残っていないし、学校の校舎があるので普段は立ち入ることができない。しかし金曜日の行列はその中庭から始まる。

その学校からヴィア・ドロローサをはさんで向かい側の敷地に入ると、左右にふたつの教会がある。この場所は一八三八年に、オスマン帝国下のエジプト総督イブラヒム・パシャの所有

鞭打ちの教会

有罪宣告の教会

であった地所をフランシスコ会が購入した。この敷地の中にはふたつの教会がある。入って右側にあるのは、鞭打《むちう》ちの教会である。この場所でイエスは兵士たちから鞭打ちを受けたとされる。最初は十字軍時代にここに教会が建てられたが、イスラム統治時代は厩舎《きゅうしゃ》などとして使われていたらしい。現在の建物は一九二九年にアントニオ・バルルッツィの設計で建てられたものである。正面の外見はロマネスクの教会のように背が低く質素であるが、中に入り奥に進むと内陣の部分は天井が金のドームで、三面の壁にステンドグラスがあり、小さいが豪華な雰囲気である。

この敷地の左側にあるのは有罪宣告の教会である。ここに教会が作られたのは、最初はビザンティン時代にさかのぼると言われ、また十字軍時代にも建築があった。現在の建物は一九〇四年に建てられたもので、小さいが屋根は高く、ビザンティン風のドームを持つ。カトリックでは、ここで発見された敷石が、ピラトがイエスを裁いて有罪の宣告をおこなった敷石であるとされる。この教会が、ヴィア・ドロローサの第二のステーションとなっている。

この敷地に入って正面には、聖地博物館の建物がある。これはフランシスコ会聖書研究所が運営する博物館で、二〇一六年にオープンしたが、現在もなお拡充が続いている。この研究所は一九二四年に発足して以来、ベツレヘムや死海の近くでヨルダン領のネボ山など各地で発掘調査をおこなっており、そこで発見された先史時代から中世の数多くの出土品がここで公開されている。またこの博物館の地下で発掘作業が進められていて、下に降りていくと、この場所で一九二九年に発見された十字軍時代の建築を見ることができる。

エッケ・ホモ教会

「ヨハネによる福音書」では、取り調べの中でピラトは民衆に対して「イエスを見せれば何の罪も見いだせないのがわかるだろう」と言い、イエスを引き出して「見よ、この男だ」と示した（一九：五）。この場面は、イエスを正面から、つまり人々に見られている角度で描くのに好適であり、「エッケ・ホモ」（「この人を見よ」というウルガタ訳のラテン語）というキリスト教

エッケ・ホモ・アーチ。左側の傾斜路がウマリヤ男子学校への入口

美術の重要なテーマとなった。イエスは手を縛られ、ときに葦の棒を持ち、茨の冠をかぶせられ、鞭打ちを受けた後なので頭や身体から血を流す姿で描かれる。イエスの半身像だけが描かれる場合もあれば、周囲にピラトやユダヤ人などがつけ加えられる場合もある。「この人を見よ」という言葉が観者に向けられていると受け取れるので、イエスの傷ついた姿を大きな感情移入をともなって見ることになる。

有罪宣告の教会の西隣では、ヴィア・ドロローサの道の上に大きなアーチがかかっている。アーチには窓がある。ここがピラトがイエスの姿を群衆に示した話と結びつけられ、このアーチはエッケ・ホモ・アーチと呼ばれる。アーチの両側は、左右対称ではなくややいびつな感じで建物の中に埋まっている。道の北側は「シオンの女子修道会」の建物である。マリー・アルフォンス・ラティスボンヌはストラスブール生まれのユダヤ系フランス人で、父親の銀行業を引き継いでいたが、ローマに旅行したときに聖母マリアの幻影を見てユダヤ教からキリスト教に改宗した。彼はユダヤ人にキリスト教への改宗を勧める運動に従事し、一八五七年にこの場所にシオンの女子修道院を設立した。修道院のうち、ヴィア・ドロローサに面した部分はエッケ・ホモ教会で、一八五八年から六二年に建設された。外側のエッケ・ホモ・アーチはこの教会に組み込まれ、教会内部の突き当たりに、外側から続いた三連アーチのうちの低いアーチが見えるようになっている。

シオンの女子修道院の建設にあたって、ヴィア・ドロローサの南北にわたる区域が発掘調査された。ここにはヘロデ時代に、ストルティオンの池という貯水槽が掘られた。ハドリアヌス帝による都市再建の時代、つまり二世紀中頃には、貯水槽には屋根がつけられて上を通行できるようになり、石で舗装され、市場を開く広場が設けられた。発掘されたローマ時代の遺構はそのまま地下の空間に保存されていて、修道院の東側の入口から入って見て回ることができる。一番深いとこ

エッケ・ホモ教会の内部。突き当たりの壁がエッケ・ホモ・アーチの続き

エッケ・ホモ教会の地下。この床がローマ時代の舗道であるという

ろには貯水槽があり、その上にローマ時代の街路がある。道の敷石に線を刻んでゲームをしたと思われる跡などがあって、当時の人々の活動を今に伝えている。この教会では、ここのローマ時代の敷石がイエスの裁かれた場所であるとしている。この広場に三連アーチの大きな門が作られたのが、今に残るエッケ・ホモ・アーチである。いずれも古代ローマのものではあるのだが、イエスより少し後の二世紀なので、実際にはイエスとは結びつかない。

アンドレア・マンテーニャ「エッケ・ホモ」(1493年頃、パリ、ジャックマール・アンドレ美術館)

さらにこの隣には、ギリシア正教の教会があり、扉の上にはギリシア語でプレトリオン（総督官邸のこと）と書かれている。この地下には、イエスや、彼と同時に十字架にかけられたふたりの泥棒やバラバを捕らえていた洞窟の牢獄がある。ギリシア正教の聖金曜日の行列はこの教会から始まる。

キレネ人シモン

獅子門から西に向かっていたヴィア・ドロローサは、第一ステーションから一五〇メートルほどのところで南に曲がる。曲がり角の北東角にはオーストリア・ホスピスがあるが、それについては後で述べたい。南北方向の道は急に広くなっているが、これはハドリアヌス帝時代に作られた、ダマスカス門から続く東のカルドの跡である。道の東側に、第三と第四のステーションになっているところがある。第三はイエスが十字架をかついで歩くとき、最初に倒れた場所で、第四はイエスが母マリアに出会う場所であるとされるが、いずれも聖書にはそれに相当する記述はない。聖墳墓教会に向かう巡礼たちの気分をだんだんに高めていくために作られたものである。どちらもアルメニア使徒教会の敷地内にあり、第三ステーションには巡礼用の小さな礼拝堂が作られている。第四の方は表示があるだけだ。

第3ステーション（左）と第4ステーション（右）

十字架を持ってヴィア・ドロローサを歩く人々。第3・第4ステーションの前で

　ヴィア・ドロローサは南進した後、まもなく右に折

第５ステーション

れてまた西に向かう。道は狭くなり、両側には服屋、食料品店、土産物屋などの商店がびっしり並んでいる。商品をにぎやかに店先に陳列している店も多く、活気のある西アジアのバザールそのものだ。

そこに第五ステーションがある。「ヨハネの福音書」ではイエスは自分で十字架をかつぐが、他の三つの福音書では、ローマの兵士たちが田舎から出て来たキレネ人のシモンという人を呼び止めて十字架をかつがせたことになっている。キレネ（またはキュレネ）とは、古代のギリシア人たちが北アフリカのキレナイカ地方（現リビア）に作った植民市で、ヘレニズム時代に多くのユダヤ人がそこに移住したため、大きなユダヤ人コミュニティがずっと存続していた。キレネ在住のユダヤ人は、よくエルサレムに巡礼に来た。またそのユダヤ人の間に、かなり早い時期にキリスト教が伝わったと考えられている。「使徒言行録」（一一：二〇）には、最初期のキリスト教団組織に、ギリシア語を話す地域であるキプロスやキレネから来ていた信者がいて、アンティオキアでギリシア語を使って宣教したと書かれている。福音書記者マルコは、シモンがアレクサンドロとルフォスの父だと書いているが、このふたりは当時の教団の仲間うちでは知られている人だったので、名を特記されているのかもしれない。キレネ人シモンは聖書の中でそこにだけ唐突に登場して、話の流れの中で浮いている感があるが、それにはこういう背景がある。ともかく、福音書によって誰が十字架をかついだかについては二説あるので、ここまではイエスがかついできたがこの第五ステーションのところでシモンが代わったことにして、両説がともに成り立つようになっている。ここには二階建ての小さな教会がある。最初はフランシスコ会が一二二九年に建てたらしいが、現在の建物は一八九五年に建てられた。

ヴェロニカ

第六ステーションは、聖女ヴェロニカに出会う場所である。イエスが刑場への道を歩いている途中、ひとりの女性が同情して自分のヴェールを差し出し、イエスがそれで額をふいて返すと、奇跡によってそのヴェールにイエスの顔が写し出された。その女性の名がヴェロニカである。ヴェロニカの物語は、聖書にも、一三世紀の「黄金伝説」にも出てこない。新約聖書外典の「ニコデモの福音書」は、福音書のピラトの尋問を敷衍《ふえん》するような内容で四世紀に書かれたと考えられているが、そこにはイエス

第6ステーション

ハンス・メムリンク「聖ヴェロニカ」（1483年頃、ワシントン、ナショナル・ギャラリー）

の衣の裾《すそ》に触れて病気が治ったと証言したベレニケという女性の名が出てくる。ヴェロニカという名は、ベレニケという名前や、ラテン語で「真の聖画像（イコン）」を意味する「ヴェラ・イコン」という言葉が、合体して生まれたと思われる。ヴェロニカは、イエスの顔が浮かび上がる布を持つ若くやさしい女性という姿で、美術ではよく描かれる。

奇跡によってイエスの顔が何かに写ったという話は、他にもいくつもある。シリアのアブガル王がハンセン病になって、画家アナニアをイエスの元に派遣した。イエスが麻布（マンディリオン）を顔に当てると、奇跡によってそこに顔が写った。アナニアはそれを持ち帰り、アブガル王は病気が治った。このような奇跡による聖画像は、ギリシア語でアヒロピイトス（手で作られたのではない）と呼ばれる。ユダヤ教には、十戒の中に偶像崇拝を禁じる戒律がある。偶像とは人が作った神の似姿のことであるから、ギリシア・ローマの古代宗教の彫刻は偶像である。キリスト教にもユダヤ教の偶像崇拝禁止の教えは引き継がれた。だが同時にギリシア・ローマ文化の、神を美術で表す伝統も引き継がれた。そのために初期のキリスト教ではイエスや聖人の姿を絵や彫刻に表すことは自然に起きてきたが、同時にそれは是か非かという論争もあった。その中で、聖画像は偶像ではないと言うために、人間が描いたのではなく奇跡によってできたという伝説が生まれたわけである。ヴェロニカの物語もそういう奇跡譚《たん》のひとつである。

第六ステーションのヴェロニカの教会の場所には、一二世紀に教会が建てられていたらしい。現在の建物は一八八〇年代に建てられた。一般公開はされていない。

第七ステーションはイエスが二度目に倒れたところとされているが、これも聖書に対応するエピソードがあるわけでは

第7ステーション

第7ステーションの中に立つ古代ローマ時代の円柱

第7ステーション付近のヴィア・ドロローサ

第8ステーション。写真中央の壁に丸いプレートがついている

ない。この場所は、西側のカルドに面していた。現在の建物は一八七五年に建てられた。この建物の地下は発掘されていて、重量感のある古代ローマ時代の円柱が、部屋を上下に貫いて立っている。またそれより前、イエスの時代には、ここにエルサレムの城壁の門があり、この門のところで刑場へ向かう死刑囚の罪状が読み上げられたという伝説がある。

六世紀のマダバのモザイク地図では、聖墳墓教会は東に入口があり、そこはカルドに面している。中世でもここから聖墳墓教会へのアクセスはあったが、現在はその場所には商店が建ち並んでいる。第八のステーションは、第七ステーションから細い道を少し西へ、つまり聖墳墓教会の方へ進んだところにある。イエスがゴルゴタへ行く途中、群衆と、嘆き悲しむ婦人たちがその後についてきていた。婦人たちとは、他の箇所では「イエスとともにガリラヤから来た女性たち」と同じであり、また他の箇所では聖母マリア、マグダラのマリア、クロパの妻マリア、ヨハナらの名前をあげているのとも同じだろう。「ヨハネの福音書」にヨハネ自身が出てくる以外は、ペトロなど男性の弟子が最後の場にいたという記述はないが、この女性たちは処刑にいたるまでずっとイエスを見守った。刑場に行く途中でイエスは婦人たちの方を振り向いて「エルサレムの娘たち、私のために泣くな。むしろ自分と自分の子どもたちのために泣け」と言った（ルカ二三：二八）。これは、来たるべき最後の審判に備えて皆が悔い改めよという意味と解釈されている。ただし第八ステーションの場所とこの聖書の記述が、何らかの具体的な形で対応しているわけではない。ここにはステーションの位置を示す印があり、壁に十字架と「イエス・キリスト　勝利」の言葉を刻んだ石板が埋め込まれているだけである。この壁はギリシア正教会の聖カラランボス修道院の外壁であるが、聖カラランボスはローマ帝国の禁教時代に小アジアで殉教した聖職者で、イエスの受難とは特に関係はない。

コプト教会

第九ステーションはイエスが三度目に倒れた場所で、これも聖書に典拠はない。ここはコプト教会の入口である。コプト教会（この教会とは教団組織のこと）はキリスト教の教会のひとつで、福音書記者マルコがアレクサンドリアに布教して創設したとされる。キリスト教はヨーロ

コプト教会の入口

聖墳墓教会の屋上

ッパの宗教とつい思ってしまいがちだが、エルサレムからすぐ南につながっているアフリカ大陸にもごく初期から伝わっていたのである。七世紀以後はエジプトや北アフリカはイスラム教の地域となり迫害も受けたが、コプト教会は少数派になりながらも一六〇〇年にわたって生き延びた。現在の信者の数は数千万人はいると言われ、決して弱小勢力ではない。聖墳墓教会の運営にもたずさわっている。エチオピアのキリスト教徒もコプト教会に属していたが、一九五〇年代にエチオピア正教会として独立した。

この第九ステーションの奥には、聖ヘレナ教会とコプト教会のエルサレム総主教座への入口が並んでいる。コンスタンティヌス帝の母ヘレナに捧げられた教会は小さいが、狭い石の階段を下って地下深くに降りていくと、岩盤を掘って作られた大きな貯水槽がある。中には現在も水がたまっている。この教会では、貯水槽はヘレナが発見したと説明している。総主教座からは聖墳墓教会の屋上に出られて、聖墳墓教会のドームを外から見ることができる。建築が密集しているエルサレムの町中、建物の空間は積み重なって上へ下へと立体的に延びていることを実感する。

磔刑から復活へ

ヴィア・ドロローサの第一〇ステーション以後は聖墳墓教会の中にある。聖墳墓教会はイエスの十字架磔刑、埋葬、復活の場所に建てられた巨大な建築複合である。この聖書の物語や建築の成り立ちを、整理しながら見ていきたい。

福音書によって記述は少し異なるが、聖墳墓教会の場所で起きた物語をまとめるとおおよそ次のようになる。

［エピソード１］

イエスはゴルゴタ（されこうべの場所）に着くと、午前九時頃に十字架につけられた。頭の上には「これはユダヤ人の王ナザレのイエスである」と書かれた罪状書きがつけられた。兵士たちはイエスの服を脱がせて、くじ引きでわけた。イエスとともにふたりの泥棒（または強盗）が十字架にかけられた。ひとりは十字架の上から「お前がメシアなら自分とわれわれを救ってみろ」とののしったが、もうひとりは「この人は何も悪いことをしていないのだ」とたし

ジョット・ディ・ボンドーネ「磔刑」（1315年頃、ベルリン、国立絵画館）。イエスに向かって左下は倒れかかる聖母マリアとそれを支えるヨハネ、十字架にすがりつくのはマグダラのマリア。右下にいるのはユダヤ人たち。十字架の上部には「ナザレのイエス、ユダヤの王」の頭文字であるINRIと書かれた板がある（この絵では文字は読めない）

なめ、イエスはその泥棒に「あなたは今日私と一緒に楽園にいる」と言った。祭司長や長老たちはイエスを侮辱した。昼の一二時頃に天地が暗くなり、三時頃まで続いた。イエスは「わが神、なぜ私をお見捨てになったのですか」と叫んだ（マタイ二七：四六。この言葉は詩編二二の引用）。その後イエスは「父よ、私の霊を御手にゆだねます」と言って息絶えた。神殿の垂れ幕が裂け、地震が起きた。婦人たちが遠くからイエスを見守った。男性の弟子ではヨハネだけがそこにいた。美術の主題では「磔刑」である。

［エピソード２］

ローマ軍の百人隊長がイエスが死んだことを確かめた後、イエスの隠れ信奉者だったアリマタヤ出身のヨセフという議員がピラトに願い出てイエスの遺体をおろした。ニコデモも香料を持って来た。イエスを亜麻布に包み、岩を掘って作った、まだ誰も葬られたことのない新しい墓に埋葬した。祭司長たちはピラトに、イエスが「自分は三日後に復活する」と予言していたので、弟子が遺体を盗み出して復活したと言いふらすかもしれないと言った。そのため墓の石に封印をし、番兵を置いた。美術の主題では「十字架降架」と「埋葬」になる。

［エピソード3］

イエスが十字架にかけられたのは金曜日、翌日は土曜日でユダヤ教の安息日だった。日曜の日の出とともに、マグダラのマリアらは香料を持ってイエスの墓に行ったが、入口の石がわきに転がしてあり、中に白い衣の人がいて「イエスは復活した」と言った。中にはイエスの遺体はなかった。マリアらは弟子たちにも知らせ、ヨハネとペトロもそれを確認した。美術の主題では「聖墳墓を訪れる婦人たち」になる。

ロヒール・ファン・デル・ウェイデン「キリストの埋葬」(1450年、フィレンツェ、ウフィッツィ美術館)。イエスの両側が聖母マリア（左）とヨハネ、後ろでイエスを支えているのがアリマタヤのヨセフ（左）とニコデモ、手前の後ろ向きの女性がマグダラのマリア。遠景に3本の十字架が立つゴルゴタの丘が描かれる

［エピソード4］

マグダラのマリアがイエスの遺体がなくなったと思って墓の前で泣いていると、「なぜ泣いているのか」という声が聞こえた。マリアは園丁だと思ったの

で「イエスの遺体をどこに置いたか教えて下さい。私が引き取ります」と言った。ところがそれは復活したイエスで、マリアも気づいて「ラボニ（先生）」と言った。イエスは「私にすがりついてはいけない。まだ父のもとへ上っていないのだから」と言った。美術の主題では「我に触れるな」である。

聖墳墓教会の歴史

コンスタンティヌス帝の母ヘレナは三二六年に聖地を訪れ、エルサレム司教マカリオスのサポートを受けながら、イエスの終焉《しゅうえん》の地を探した。ハドリアヌスによるエルサレム再建時、キリスト教の迫害者たちはゴルゴタの丘を大量の土砂を積んで埋め、美の女神ヴィーナスの神殿を作り神像を置いていた。しかし神殿を撤去してそこを深く掘り起こすと、イエスが復活した洞窟、つまり聖墳墓が発見され、イエスを磔にした十字架も見つかった。この「真の十字架」の一部分は銀の箱に入れてエルサレムに置き、一部分はイエスを磔にした釘とともにコンスタンティヌスに送った。これが、よく知られている聖墳墓教会と真の十字架の歴史の序章である。この伝説がどのように形成されたかについては後の項でも検討したいが、ともかくその場所には三三六年に教会が建てられた。ボルドーの巡礼が三三三年にここに来たとき、聖墳墓教会はまだ建設工事中であった。彼は、イエスが十字架にかけられたゴルゴタの丘と、そこから石を投げて届くほどの距離にイエスの墓があり、コンスタンティヌスの命令により教会が建てられていると書いている。

完成した建築については、エウセビオスの「コンスタンティヌスの生涯」（三三七〜三三九年）に、わかりにくいながらも説明がある。ヴィーナスの神殿は取り壊されて廃材もすっかり取り除かれ、救世主が復活した証明（ギリシア語でマルテュリオン、ラテン語でマルティリウム）である洞窟、つまりイエスが葬られた岩穴の墓が明らかになった。洞窟の入口は東に向いていて、その東側には柱廊で囲まれた四角い中庭が設けられた。洞窟と並んで重要な偉大なキリストのしるしもあったと書かれているが、それはゴルゴタの丘に立てられた十字架のことかと思われる。中庭をはさんで洞窟と向かい合う位置に、大きなバシリカ（平面が長方形の教会建築）が作られた。内部は色大理石の板で飾られ、屋根は鉛板で葺《ふ》かれていた。バシリカの東端にはアトリウム（前庭）があって、カルドに面していた。そこがこの聖墳墓教会全体の入口だった。そのときには、イエスの墓の上の大きなドームはまだ作られていなかったと考えられている。

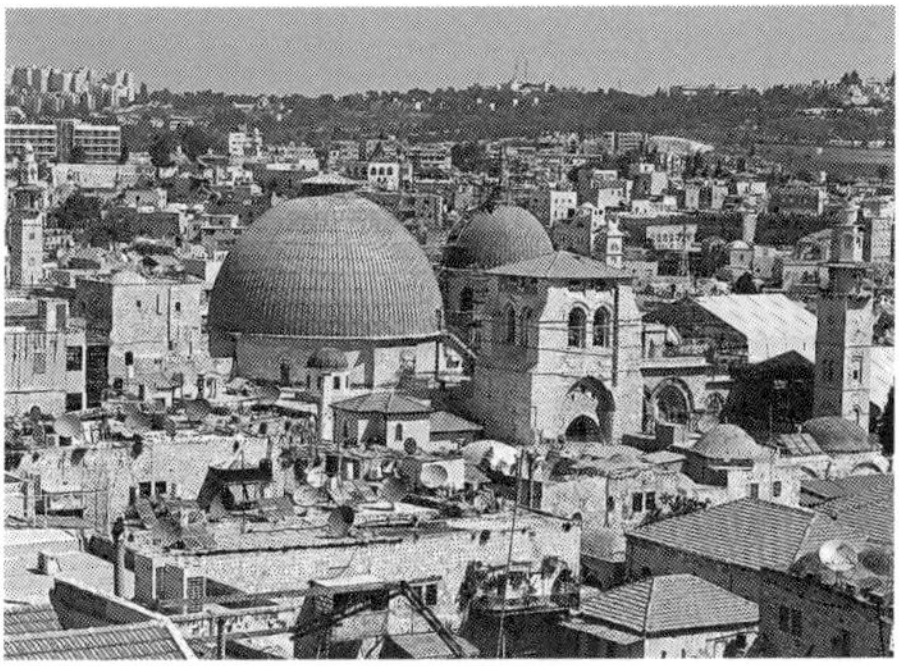
ダビデの塔から見た聖墳墓教会のドームと鐘楼

それから四〇年あまり後の三八四年にエゲリアが来たと

きには、聖墳墓教会は聖地の中でも別格の重要な聖地になっていた。エゲリアは洞窟の墓を「アナスタシス」(復活)と呼んでいる。ヘレナが来て墓が見つかり、それがイエスの墓と認定された当時は、急斜面の岩盤に横穴が掘られたものだったはずだ。その岩盤は、周囲を削り整えて独立した四角い建築のようになって、「エディクラ」(小さな祠《ほこら》)と呼ばれていた。それを囲んで円形に柱が立てられ、上に大きなドームが建設された。ドーム建築の部分を「アナスタシス・ロトンダ」(復活の円堂)と呼ぶこともある。また、エゲリアはバシリカのことをマルティリウムと呼んでいる。マルティリウムという言葉は、聖跡を前にして自分の信仰を証する(表明・共有する)場所や、殉教者の記念堂という意味でも使われていた。このふたつの建築の間に中庭があり、そこにゴルゴタの丘の岩山があった。岩山の後ろには礼拝堂があり、特別の日に真の十字架の木片が信者に公開された。木片は金と銀の容器におさめられ、信者たちは列を作って順番に木片にくちづけした。そのときには聖職者たちが周囲で監視した。あるとき信者が十字架の木片にくちづけすると見せかけて、その一部を歯でかみちぎって持ち去ったので、警戒が厳重になったとエゲリアは書いている。今ならネットで「最近では観光客が増えてマナーが悪くなった」と叩《たた》かれそうな話だが、非常識な不心得者は四世紀にもすでにいたのだ。

美術に描かれた初期の聖墳墓教会

美術作品から、初期の聖墳墓教会の様子を探ってみたい。ヴァティカン博物館に、木製の箱がある。箱の中には地名の書かれた石と土が入っていて、蓋《ふた》に五場面の絵が描かれている。これは六世紀にパレスチナへ行った巡礼が記念品として買って帰った、聖地の石の木箱入り詰め合わせセットである。蓋の絵の一場面には、アナスタシス・ロトンダの様子が描かれている。中央には、円錐形の銀色の屋根があるエディクラが描かれている。扉は開いていて、中に十字架が見える。左からマグダラのマリアらふたりの女性が来て、右に座った天使がイエスは復活したことを告げている。エディクラの上を、大きなドームがおおっている。ドームの基部にはアーチ型の窓が並んでいる。前述した「エピソード3」の聖墳墓参りを、六世紀当時の建築物を舞台として描いた絵である。

木製聖遺物容器（6世紀、ヴァティカン美術館）。聖墳墓を訪れる女たち。当時の聖墳墓とドームの様子を描いていると考えられる

　ドームとバシリカの間の、柱廊で囲まれた中庭には、南東の隅にゴルゴタの岩があり、上に十字架が立っていた。当時は、屋外で岩山を仰ぎ見る形であったはずだ。ローマのサンタ・プデンツィアーナ教会のアプシスにあるモザイク（四二〇年頃）では、中央にイエス、左右にペトロとパウロらが、柱廊で囲まれた屋外のスペースに座り、イ

ローマ、サンタ・プデンツィアーナ教会のモザイク（420年頃）。当時のゴルゴタの丘の様子を反映していると考えられる

エスの背後には岩山があってその上に大きな十字架が立っている。その左右にも建物が描かれ、空にはイエスの玉座の回りにいると黙示録に書かれた四つの生き物、翼のある人間、ライオン、牡牛《おうし》、鷲《わし》が描かれている。ここに表された岩山と柱廊は、このモザイクが制作された五世紀はじめの中庭とゴルゴタの丘の様子を反映していると思われる。

破壊と再建

六一四年にペルシアが攻めてきたとき、聖墳墓教会は破壊され、多くの聖職者が殺され、真の十字架も奪われた。六三一年にビザンティン皇帝ヘラクレイオスが十字架を奪還し、コンスタンティノポリスに置かれるようになった。建物はエルサレム総主教モデストゥスによって修復された。

エルサレムは六三八年に今度はアラブの支配下に入ったが、ウマイヤ朝のカリフから、聖墳墓教会はキリスト教の活動の場として存続を認められた。それでも、イスラム教徒とキリスト教徒の間でいさかいが起きて、教会が損害を受けることもあったらしい。また、ドームは何度か地震で被害を受けて修復された。一〇〇九年に大きな事件があった。ファーティマ朝のカリフ、アル・ハキムは、学芸を保護して科学を発達させた君主だったが、キリスト教やユダヤ教を激しく弾圧した。彼は聖墳墓教会も破壊するよう命じた。このとき、イエスが葬られた墓も含めて教会は大被害を受け、ほとんど廃墟になった。エルサレムにあった他の教会も損害を受けた。このことはヨーロッパのキリスト教世界を刺激し、西ヨーロッパで十字軍の派遣が呼びかけられる原因のひとつとなった。

ビザンティン皇帝ロマノス三世は一〇三〇年に、アル・ハキムの息子で次のカリフになったアル・ザヒルと交渉して、聖墳墓教会の再建を認めさせた。アル・ザヒルにも、ビザンティン帝国との関係を改善したいという思いがあった。建築はすぐには進まずロマノス三世も亡くなったが、一〇四二年に皇帝コンスタンティノス九世モノマコスがドームを再建した。しかし建築はこのドームの部分だけで、東側のバシリカは放棄された。こうして、東西に長かった聖墳墓教会の規模は半分以下になった。東のカルドの方からは入れなくなり、南側が入口になった。

聖墳墓教会がアル・ハキムに壊されたことに加え、その後の再建がビザンティン帝国のイニシアティヴのもとでおこなわれたことは、西ヨーロッパのカトリック教徒のフラストレーションを二重に高めたに違いない。それが十字軍として爆発した。十字軍とは、当人たちに言わせれば、侵略のための軍隊ではなく武装した巡礼であった。十字軍はエルサレムを占領した後、聖墳墓教会を増改築し、一一四九年に完成した。ドームはコンスタンティノス・モノマコスによってすでに建設されていたものが使われた。十字軍が来る前はゴルゴタの丘は屋外にあり、ほんの小さな礼拝堂があるだけだったが、十字軍勢力が大きく高い建物を建てたと、ティルス（現レバノン）司教だったギョームはエルサレム王国の年代記（一一八〇年代）に書いている。バシリカの部分が元通りになることはなかったが、中庭だったところに新たに大きな建築が建てられ、中心は聖歌隊席となり、その東側を回っていく半円形の周歩廊が設けられた。また、バシリカの部分の地下にヘレナの礼拝堂が作られた。

サラディンの占領に始まるイスラム統治時代、聖墳墓教会は存続した。オスマン時代でも同様である。キリスト教の各派は、それぞれの区域を分けて、この教会を共同で使用した。一四世紀には、ギリシア正教会、カトリック教会、ジョージア正教会、アルメニア使徒教会、シリア正教会、コプト教会、エチオピア正教会が聖墳墓教会を使う権利を持っていたが、後に財政的な困難からジョージア正教会はここを離れた。いずれかの会派の聖職者が抜け駆けして教会に入ることを防ぐために、正面扉の鍵はイスラム教徒の二家族が管理して毎朝早朝に開けることになり、その決まりは現在でも守られていて、開門にはギリシア正教、カトリック、アルメニア教会の聖職者が立ち会う。一八〇八年にロトンダの礼拝堂から火災が起こり、ドームのおよそ三分の二が崩壊し、四世紀の最初の建築から残存していた柱も何本も失われた。エディクラの外装も損害を受けたが、その後修復された。

聖墳墓教会内での領域争いを防ぐため、オスマン帝国のスルタンであるオスマン三世は、一七五七年に布告を出して、それぞれの領域を変えてはならないと定めた。フランスのナポレオン三世はそれを無効化するようオスマン帝国に圧力をかけ、ロシアのニコライ一世との間で緊張が高まり、前述のようにクリミア戦争が始まる一因となった。クリミア戦争を終結させるため一八五六年にパリ条約が結ばれ、スルタンの布告が守られるべきことはそこでも再確認された。布告はその後も整備され、一八七七年からまたもロシアとオスマン帝国の間で起きた露土戦争の後、一八七八年に結ばれたベルリン条約では「スタトゥス・クオ（英語式の発音ではステイタス・クオ）」という言葉で成文化された。「現状維持」という意味である。聖墳墓教会だけでなく、ベツレヘムの降誕教会に関してもスタトゥス・クオが発令された。聖墳墓教会の南に向いた正面玄関の窓の下には、はしごが立てかけられている。それは工事用に出したのを片付け忘れたもので、一七五七年の布告を遵守してそのままにしてあると言われ、「不動のはしご」と呼ばれている。ただし各宗派の合意のもとに建築の修理や補強などはずっとおこなわれているので、このはしごはスタトゥス・クオを象徴的に表すオブジェであるように思われる。

聖墳墓教会内を巡る

聖墳墓教会は南側から入る。そこへ向かう道は西からでも東からでも狭く、しばしば「世界でもっとも重要な教会」と言われるこの建物にはまったく似つかわしくない。ほんの小さな門

聖墳墓教会。南側の入口

をぐると、南側の四角いアトリウム（前庭）に出る。アトリウムの奥に見えているのは、コンスタンティヌス時代の建物では中庭だったところで、十字軍時代の一一四九年に建てられた部分である。この玄関にあたるところは「十字軍のファサード」と呼ばれることもあるが、そもそも本来のファサードではないので、左右対称でもないし正面玄関らしくはない。ロマネスク風のどっしりした重厚な造りである。ファサードの左側には、重量感のある鐘楼が立っている。これも十字軍時代の一一七〇年に建設されたが、地震などで損傷を受け危うくなっていたので、一七一九年に上部を取り壊して半分ほどの高さにされた。そのため上端は中途半端に途切れているし、寸詰まりな感じがする。

アトリウムの左右に建物がある。左側は、手前から聖ヤコブの礼拝堂、使徒ヨハネの礼拝堂、鐘楼の下がセバステの四〇人の殉教者の礼拝堂である。右側は、手前からアブラハムのコンヴェント（修道院）、洗礼者ヨハネの礼拝堂、天使ミカエルの礼拝堂である。天使ミカエルの礼拝堂からは、前述のコプト教会へ続く通路がある。

ファサードの右側に小さいドームがある。そこも十字軍時代に作られたところで、フランク

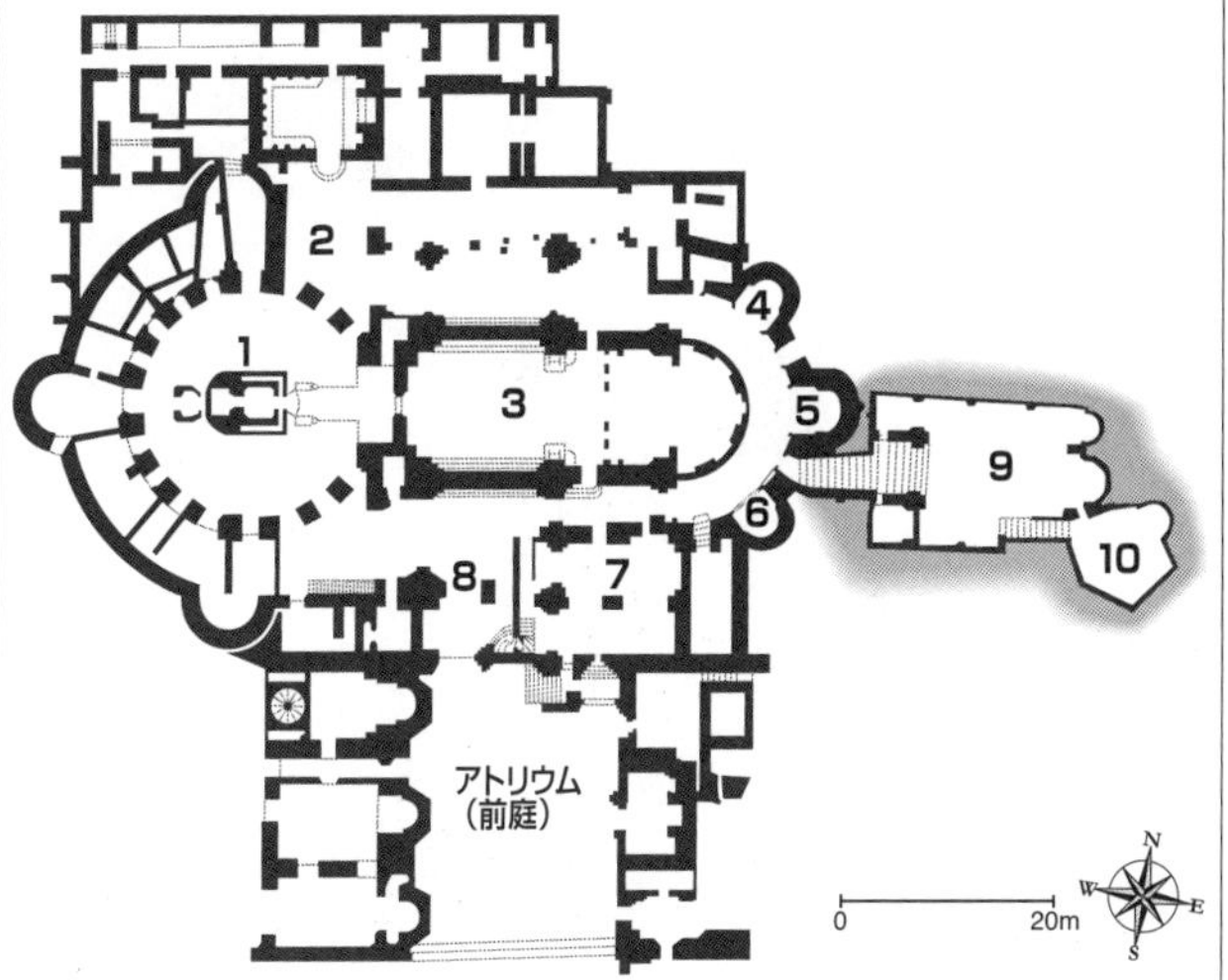

1　聖墳墓
2　マグダラのマリアの礼拝堂
3　総主教座聖堂
4　ロンギヌスの礼拝堂
5　聖衣剝奪の礼拝堂
6　茨の冠の礼拝堂
7　ゴルゴタの礼拝堂（2階）
8　塗油の石
9　ヘレナの礼拝堂
10　十字架発見の礼拝堂

聖墳墓教会平面図

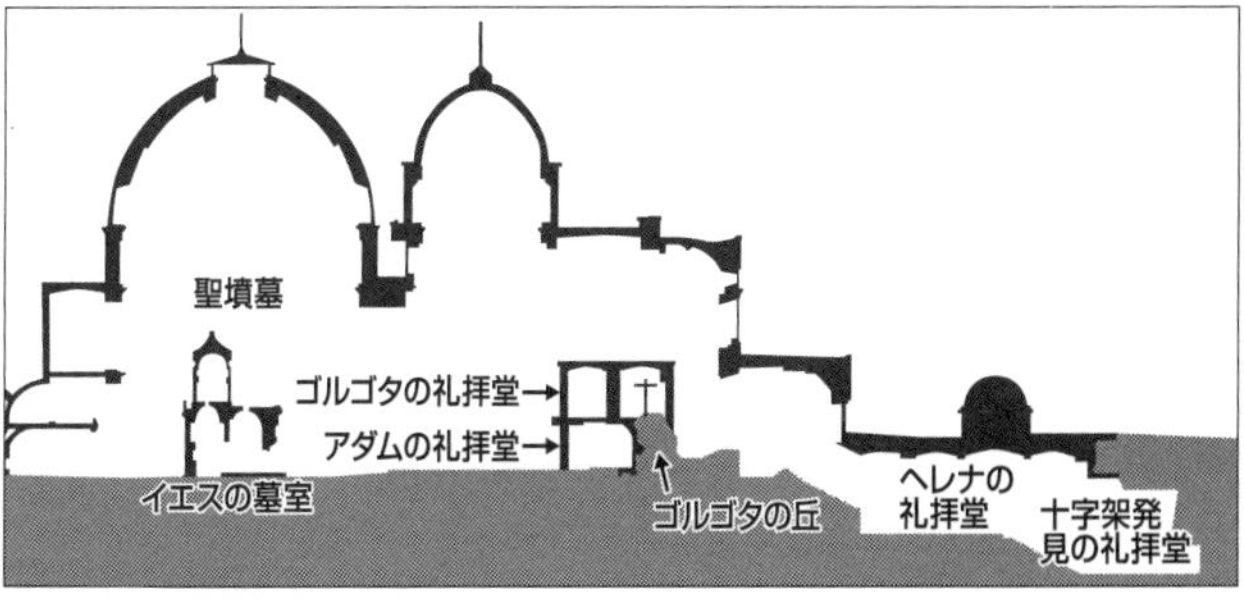

聖墳墓教会断面図

小ドームのあるところがフランク人の礼拝堂。写真左上、アーチ型の窓の下にあるのが「不動のはしご」。右の壁の一番奥の入口が天使ミカエルの礼拝堂

人の礼拝堂と呼ばれている。階段を登った上が聖母マリアの礼拝堂、下がエジプトのマリアの礼拝堂である。上の礼拝堂は、教会内部のゴルゴタの丘に通じていた。どちらも現在は閉じられている。この階段の前はヴィア・ドロローサの第一〇ステーションになっていて、ここでイエスは処刑前に服を脱がされたとされている。

ゴルゴタの丘

聖墳墓教会の入口を入るとすぐ右側にゴルゴタの丘、つまりイエスが十字架にかけられた岩山がある。前述のように四世紀の最初の建築では、ここは中庭になっていて、その南東の端に高さ五メートルくらいの岩山があり、その上に十字架

が立っていた。中庭だったところに十字軍時代に大きな建物が建てられ、さらにその中にゴルゴタの岩山を囲む小さな礼拝堂が建てられた。岩山の岩肌を見られるところはほとんどない。そのため、ここがゴルゴタの丘であると言われても実感がわきにくい。

右手の階段から二階に上ると、そこはゴルゴタの岩山の頂部とほぼ同じ高さに設けられたフロアで、ゴルゴタの礼拝堂と呼ばれる。天井や壁はモザイクとフレスコで飾られ、天井からたくさんの香炉がつり下げられている。まず、イエスが手足を釘で打たれて十字架に架けられた場所があり、それは壁の絵で示されている。この部分はフランシスコ会が分担する部分である。

写真中央、アーチの下の四角い建物がゴルゴタの岩山を囲んでいる。右の階段を登った中二階のようなところがゴルゴタの丘の頂部と同じ高さに設けられたゴルゴタの礼拝堂。手前に塗油の石がある

ここはヴィア・ドロローサの第一一ステーションとなっている。その隣に、ゴルゴタの岩山の頂部が露出しているところがある。ただし岩はガラスで保護されている。そこが十字架が立てられたところで、中央に磔になっているイエス、向かって右にヨハネ、左に聖母マリアを描いた等身大のパネルがある。パネルの衣の部分や、背景の壁は銀の板でおおわれている。ここはヴィア・ドロローサから時

ゴルゴタの丘。中央、祭壇の奥にイエスの磔刑像、その左右にマリアとヨハネの人物像パネルが置かれ、天井からランプがつり下げられている。信者はひとりずつ十字架の前に進み出て祭壇の下で祈る

ゴルゴタの丘の岩肌（写真下）はガラスでおおわれている

間をかけてたどってきたイエスの受難の最大のクライマックスであるはずなのに、正直なところ、この人物パネルや岩山のガラスケースがチープな印象を生んでいると思わざるを得ない。コンスタンティヌス時代のゴルゴタの方が実感があっただろう。十字架磔刑像の手前には祭壇があり、その下は人がひとりだけ、十字架が立てられたその場所の前にひざまずいて入れる空間になっていて、ここに来た巡礼たちは順番にそこに入って祈りを捧げる。天井にはフレスコで星空に舞い飛ぶケルビムが描かれ、たくさんの香炉がつり下がっている。ここはギリシア正教が分担する部分で、ヴィア・ドロローサの第一二ステーションとなる。

第一一と一二ステーションの間は、聖母マリアが十字架から取り下ろしたイエスの身体を受け取った場所とされ、フランシスコ会が管理するスターバト・マーテル（悲しみの聖母）の祭壇があり、

聖母像が置かれている。スターバト・マーテルは、一三世紀にフランシスコ会が作った聖歌のタイトルで、わが子イエスが鞭打たれ十字架にかけられるのを見る母マリアの心情を歌った歌である。これを歌詞として、ハイドンやドヴォルザークなどの作曲家が曲を作っている。この祭壇がヴィア・ドロローサの第一三ステーションとされる場合もあり、次に述べる塗油の石が一三番目とされる場合もある。ここまでがゴルゴタの丘の二階である。このように、岩山をすべて取り囲む建築が作られたのは十字軍時代だった。一九世紀に二階部分は拡張されている。

アダムの礼拝堂。中央の正方形の窓から、ゴルゴタの丘の岩が見える

この一階、つまりゴルゴタの岩山の下部があるところは、アダムの礼拝堂になっている。聖書に書かれていることではないが、ゴルゴタの丘はアダムが埋葬された場所で、イエスが十字架上で流した血が、イエスの死のときに起きた地震でできた岩の割れ目を通ってアダムの墓に流れ、アダムとエバが神の言いつけを破り禁断の木の実を食べたことで犯した原罪はイエスの死によって贖《あがな》われたという信仰が生まれた。そのため、ここにアダムの礼拝堂が設けられた。小さなアプシスの奥にガラスをはめた窓があり、そこから岩が見えるようになっている。礼拝堂の外側の側壁にも、岩肌をガラス越し

に見せているところがある。

塗油の石

聖墳墓教会の入口を入ってすぐのところ、ゴルゴタの礼拝堂の前に、塗油の石がある。長方形の大きい石の板が水平に置かれており、十字架から下ろされたイエスの身体をこの上に横たえて、香油を塗ったとされている。その石の上に手を置き、あるいは顔を伏せて、イエスの苦難と死を悼む人たちが今も多い。

　福音書にはアリマタヤのヨセフがピラトに願い出て遺体を受け取ったとしか書かれていないが、絵画では中世からルネサンス時代に、十字架から下ろしたイエスの身体を横たえ、聖母マリアやヨハネ、マグダラのマリア、ヨセフらが囲んで悲しむ場面が描かれるようになった。

塗油の石と祈る人たち

ニコデモという人が没薬と沈香《じんこう》を混ぜたものを持って来て埋葬の準備をしたという記述（ヨハネ一九：三九）とも符合させて、ニコデモもそこに立ち会う高齢男性の姿でよく描かれた。主題としては「聖母の嘆き」あるいは「ピエタ」（哀れみ、悲しみという意味）と呼ばれることが多い。塗油の石は、福音書に典拠はなく、人気のあった絵画の主題に合わせて生まれた聖跡である。一八〇八年の火災のときに損傷を受けて取り替えられた。

この場所から左に進み、聖墳墓のドームに入る手前は、アルメニア教会の分担箇所である。小さなキボリウム（天蓋《てんがい》）の下に火がともされ、壁には磔刑図のモザイク壁画がある。この場所はイエスの磔刑のときに、聖母マリアとその姉妹であるクロパの妻マリア、そしてマグダラのマリアが立って見守った（ヨハネ一九：二五）ところとされる。

ジョット、パドヴァ、スクロヴェーニ礼拝堂の壁画「聖母の嘆き」(1305年)。聖母マリアがイエスに顔を寄せて泣く。釘で打たれたイエスの足を手に取るのはマグダラのマリア。その背後はアリマタヤのヨセフとニコデモ

マリアたちが磔刑を見守った場所

聖墳墓とドーム

聖墳墓

さらに奥へ進むと、大きなドームがあり、その下にイエスの墓がある。元は岩の斜面にあけられた岩穴だったはずだが、コンスタンティヌス時代に岩穴だけを残して周囲を削り取り、聖地の石セットの箱に描かれたように独立したエディクラになっていたはずだ。その墓は、一〇〇九年にアル・ハキムによって破壊された。十字軍時代に、墓は全面的に作り直された。現在のエディクラは、ドームの火災の後、一八一〇年にさらに改修されたものである。

墓の入口は東を向き、その両側には大小のろうそくが立てられ、イコンが飾られ、香炉がつり下げられている。この中には数人が入ることができる。内部は撮影できないが、部屋はふたつある。手前の前室には、四角い祭壇があってろうそくがともされている。この石は、イエスを墓に葬った後に封印した大きな石の断片であるとされ、天使の石と呼ばれている。その奥が墓室で、入って右側にアルコソリウム（遺体を横たえるスペース）がある。作りつけのベッドのような平らな大理石板があり、ろうそくがともされ、壁にはイエスが復活する場面の浮き彫りがほどこされている。

二〇一六年にエディクラの大修理がおこなわれ、アテネ工科大学の研究チームが詳細な調査をした。この大理石板も取りはずしたところ、その下には十字架が刻まれたもっと古い石板があったという。ただしそれは十字軍時代か、あるいはアル・ハキムに破壊される以前かという程度で、イエスの時代はおろか四世紀のコンスタンティヌス時代までもさかのぼりそうにないらしい。この調査と修理には多額の費用がかかったが、世界中で文化財保護に取り組むワールド・モニュメント財団や、ヨルダンの現国王であるアブドゥラ二世らが寄付をした。

聖墳墓教会内部、シリア正教の礼拝堂

これをおおう大きなドームは、一八〇九年に再建されたものである。高さは約三四メートルである。頂部の明かり取りの窓の回りには光を表す金属製の少々大袈裟過ぎる装飾があり、その下には星も取りつけられている。ドームを支える柱はどっしりした切り石積みの角柱であるが、四世紀の大理石の円柱も少数ながら、コンスタンティノス・モノマコスの再建で再利用され、火事もくぐり抜けて残っている。コンスタンティヌス時代のアナスタシス・ロトンダは、現在のものとはかなり印象の違ったものであっただろう。柱の外側には、小さな部屋が並んでいる。西の小部屋はシリア正教が使っている礼拝堂である。そこからつながる洞窟には墓があり、一世紀のユダヤ人の墓であるとされている。この場所がイエスの時代には城壁外であり墓地にもなっていたから、イエスの墓も正真のものであるという傍証とされる。

礼拝堂など

エディクラの東側、墓の入口と向かい合う場所に、大きな建築空間がある。四世紀に中庭だったところに、十字軍時代に建てられた建築の中心部分である。ここはギリシア正教の総主教座聖堂となっている。正教会で最高位の聖職者が総主教で、ギリシア正教には三八一年のコンスタンティノポリス公会議で制定されたときから受け継がれた、コンスタンティノポリス、アレクサンドリア、アンティオキア、エルサレムの総主教がいる。現在ここには、向かって左にエルサレム総主教、右にアンティオキア総主教の総主教座（総主教の座る席）が置かれている。ギリシア正教の教会建築の形式で、突き当たりの聖域はイコノスタシス（イコンを掲げたついたて）で隠されている。天井は十字軍時代のもので、初期ゴシックの様式である。手前はドームになっていて、そこはビザンティン様式を模した現代のモザイクで飾られている。その下の床には、オンファロスという円形の物体が置かれている。オンファロスはへそという意味で、世界の中心のことである。古代ギリシアの世界観では、アポロンの神託の地デルフィにオンファロスがあった。ユダヤ教ではエルサレムの神殿の丘にそれがあったと考えられた。キリスト教では、この聖墳墓教会が世界の中心であると考えられている。

総主教座聖堂の周囲を大きく回るように周歩廊があって、聖墳墓教会を一周することができる。ロトンダから周歩廊に入るところには、マグダラのマリアの祭壇がある。［エピソード4］の、マグダラのマリアが復活後のイエスに出会った場所がここととされ、その場面を表した現代的な彫刻によって示されている。

ギリシア正教の総主教座聖堂。写真中ほどの左右にエルサレムとアンティオキアの総主教座がある

総主教座聖堂の北側には、イエスが捕らえられていたという部屋がある。祭壇の下の石板にふたつの穴があり、イエスがそこに足を入れて座らされていた様子が絵で示されている。ただしこれにあたる聖書の記述はない。ギリシア正教が設けた総督官邸（プレトリオン）にも、これに似た石板がある。

周歩廊は南に向かって曲がっていく。その外側に、半円形の小さな礼拝堂が三つある。最初はロンギヌスの礼拝堂である。イエスの磔刑のとき、翌日が安息日だったので遺体を十字架の上に残しておかないためにユダヤ人たちはイエスを取り下ろそうとしたが、死んだかどうかを確かめるために兵士が槍でわき腹を突くと、血と水が流れた（ヨハ

マグダラのマリアがイエスに会った場所

イエスが拘束されていたとされる場所

ネ一九：三四）。イエスが息絶えたときに地震が起き、見張りをしていた百人隊長が「本当にこの人は神の子だった」と言ったという記述（マタイ二七：五四）もそれに関連づけられた。そこに兵士の名は書かれていないが、「ニコデモ福音書」の中でロンギヌスという名前が示されている。「黄金伝説」の中では、槍を伝って流れた血がロンギヌスの目に入り、病気で弱っていた目が視力を取り戻したためキリスト教に帰依し布教活動をおこなったというストーリーが加えられている。この礼拝堂には、十字架磔刑図を中心に、ロンギヌスが槍を持つ場面と、布教活動の後カパドキア地方のカエサリアで殉教する場面を描いた祭壇画が置かれている。

ロンギヌスの使った聖なる槍はその後、重要な聖遺物となった。五七〇年頃にエルサレムに行ったピアチェンツァの巡礼は、シオン教会で聖槍《せいそう》と茨の冠を見ている。六一五年にペルシアのホスロー二世は、真の十字架とともにこれらの聖遺物も奪ったが、ビザンティン皇帝ヘラクレイオスが取り戻した。その後、コンスタンティノポリスの大宮殿内にあったファロスの聖母教会にさまざまな聖遺物が集められ、聖槍もその中にあった。一二〇四年に第四次十字軍がコンスタンティノポリスを攻略、占領して聖遺物は略奪され、フランス国王ルイ九世が茨の冠や聖槍を購入して、パリのサント・シャペルを建設し安置したが、フランス革命で行方不明になった。聖槍の一部とされるものはこの他にもある。エルサレムに進軍した十字軍は、その道すがら、一〇九八年にアンティオキアで聖槍を発見した。これはエルサレム攻囲戦で十字軍の士気を高めたが、発見当初から信憑性が疑問視されていた。発見者ピエール・バルトロミーは槍を持って火の中を歩き本物だと証明しようとした結果、火傷《やけど》を負って命を落とした。ヴァティカンのサン・ピエトロ大聖堂にも聖槍が保管されている。また、使徒タダイがアルメニアに運んだものがゲハルト修道院に伝わって、エチミアジン大聖堂に保管されている。また一〇世紀から神聖ローマ帝国皇帝も聖槍を保有していた。これはプラハにあり、一五世紀にニュルンベルクに移され、一八世紀末にフランス革命勢力が及ぶことを恐れてウィーンに移され、ホーフブルク宮殿に保管された。ナチスがオーストリアを併合した後の一九三八年に、この聖槍はニュルンベルクのナチス党大会で公開された。ドイツの敗色が濃くなったときに親衛隊の士官らが聖槍を隠したが、戦後の一九四六年に回収されてホーフブルク宮殿に返還されている。

周歩廊の礼拝堂のうち中央にあるのは、イエスの衣服を脱がせたことを記念する礼拝堂で、

周歩廊と小礼拝堂。中央、人物の向こう側がヘレナの礼拝堂への下り口

ヘレナの礼拝堂

中央に聖母子のイコンが置かれている。三番目の礼拝堂は、イエスに茨の冠をかぶせたことを記念していて、祭壇の下には石灰岩の円柱の断片がある。さらに周歩廊を進むと、アダムの礼拝堂の横に出て、最初の入口のところに戻る。

周歩廊の二番目と三番目の礼拝堂の間に、地下へ下りる階段がある。下には、ヘレナの礼拝堂がある。四世紀のバシリカがあった地下の部分にあたり、作られたのは一二世紀と思われる。地下空間ではあるが、高い天井のドームは地上に突き出ていて、そこに窓があるので内部は明るい。ドームを支える円柱や柱頭は、四世紀のものを一二世紀に再利用したと思われる。アプシスはふたつあり、左が十字架上で悔い改めた泥棒、右が聖ヘレナに捧げられている。礼拝堂中央にほどこされた大きな床モザイクはいかにも古い作品のように見えるが、二〇世紀に作られたもので、アルメニア使徒教会が管理する区域なので銘文はアルメニア語である。ドームのフレスコ画も新しく描かれたものである。

この地下の礼拝堂から、さらに東に向かう階段でもっと下におりられる。そこはヘレナが発掘によって真の十字架を見つけた、真の十字架発見の礼拝堂である。アプシスには十字架を抱くヘレナの彫刻があり、その右奥が十字架発見の場所とされている。この地下空間は、紀元前七世紀頃に、地下の石切場だったと考えられている。ここが聖墳墓教会の東の端であり、もっとも奥深い場所である。

真の十字架発見の礼拝堂

十字架伝説

さて、十字架はキリスト教のシンボルである。十字架刑は罪人をそこにかけて死ぬまで放置するという残虐な刑罰の方法で、ローマ帝国では奴隷や属州民の重罪人を対象とした。イエスがそれで刑死したことは福音書に書かれている。その後、イエスは十字架上で自分を神への犠牲に捧げることにより人類を救済したのでわれわれの救い主であると信じられるようになり、十字架は特別の意味を持つようになった。シンボルマークとしての十字架の形は、二〜三世紀にはキリスト教が抑圧されていたこともあって、広く用いられたわけではない。大々的に使われるようになるのは四世紀以後である。聖墳墓教会は、十字架伝説の歴史とどのようにかかわっているだろうか。

エウセビオスという人についてはこれまでも触れた。彼はおそらくパレスチナで生まれてキリスト教徒になり、三一三年のミラノ勅令後まもなく、カイサリア・マリティマの司教になった。エウセビオスは三二〇年代に「教会史」を書いた他、三三七年のコンスタンティヌスの没後まもなく三三九年の彼自身の没年までの間に、皇帝への賛辞に満ちた「コンスタンティヌスの生涯」を書いた。彼はコンスタンティヌスやヘレナの時代の聖地に生き、ヘレナがエルサレムに来たときにはおそらく会っていて、事情をよく知っていると考えられる人である。

エウセビオスの「コンスタンティヌスの生涯」には、コンスタンティヌスが十字架の幻を見たエピソードがくわしく記されている。コンスタンティヌスは父コンスタンティウス一世クロールスの跡を継いで、ディオクレティアヌスが四つに分割していたローマ帝国の皇帝のひとりになった。彼はそのときローマ市を統治していたマクセンティウスを倒すために軍を進めた。コンスタンティヌスが陣中で祈っていると、真昼の太陽の上に輝く十字架のしるしと「これにて勝て」という文字が現れた。コンスタンティヌスはそれが何を意味するのかわからなかったが、その夜、夢にキリストが現れて、そのしるしを護符にするようにと言った。朝になると皇帝は金細工や宝石の職人を集め、自分の見たしるしをかたどったトロパイオンを作らせた。それは、十字架の形で、上には宝石や金でできた花の冠がついており、横木があって、キリストというギリシア語の最初の二文字であるX（ヒー。ラテン・アルファベットのChにあたる）とP（ロー。Rにあたる）が交差するようになっていた。コンスタンティヌスはヘルメットにもそのしるしをつけるようになった。この物語をエウセビオスは、コンスタンティヌス自身が自分に直接語ったことと述べている。なお、エウセビオスは「十字架（ギリシア語でスタヴロス）」と書いているが、XPが交差したマークは十字架とは区別してクリストグラムと呼ばれている。その後コンスタンティヌスはローマ市に迫るところまで来て、マクセンティウスと対峙《たいじ》した。エウセビオスは地名や年代を書いていないが、そこはローマ市の北郊、テベレ川にかかるミルウィウス橋で、三一二年のことである。マクセンティウスは小舟を連ねた橋を作ってそこに仕掛けをし、コンスタンティヌスが橋を渡ったときに川に沈めてやろうとしていたが、コンスタンティヌスが十字架のトロパイオンを押し立てて進軍

クリストグラムの例。ナポリ、サン・ジョヴァンニ・イン・フォンテ洗礼堂の天井モザイク（5世紀）。A（アルファ）とω（オメガ）の文字は、イエスが「自分はアルファでありオメガである。初めであり終わりである」（黙示録21：6）と言ったことによる

すると、橋はマクセンティウスが渡っているときに崩れて、彼は自分の親衛隊もろとも川に沈んでしまった。ローマに入城したコンスタンティヌスは、大きなトロパイオンを町の中に立てた。これは十字架崇敬の起源を語る物語のひとつである。ただしこの話はローマで起きたことで、エルサレムとは関係がない。

エウセビオスは「コンスタンティヌスの生涯」の中で、コンスタンティヌスがエルサレムの聖墳墓教会を建てさせたことや、ヘレナが老齢を押して聖地を訪れベツレヘムの降誕教会とオリーブ山上の主の祈りの教会（エレオナ教会）を建てたことを大仰な賛辞とともに述べている。ところが、ヘレナが真の十字架を発見したとはひとことも書いていない。その後三八七年にエゲリアが来たとき、真の十字架はキリスト教でもっとも重要な聖遺物となっていた。エゲリアは受難週の金曜日に、ゴルゴタの丘の前で真の十字架の木片の前にひとりずつ進み出て、それに額をつけ、目で見、くちづけするという体験をしている。それから福音書の受難についての箇所が朗読され、会衆は皆感きわまって涙を流した。だがエゲリアは、聖墳墓教会の献堂式の日（九月一四日）が真の十字架が発見された日であり、教会の特別の祝日であると具体的に述べているが、これまたヘレナという名前も書いていない。ヘレナによる真の十字架の発見はあたかも定説のようになっているが、必ずしもヘレナのエルサレム訪問のときから語られていたわけではなさそうである。

四世紀末までには十字架のしるしも広く用いられるようになり、真の十字架もエルサレムで公開されるだけでなく、断片が聖遺物として流布していった。そういう中で、十字架の発見について語られるようになる。ミラノ司教アンブロシウスが三九五年のテオドシウス帝の死去に際して書いた弔辞の中では、ヘレナによる発見のいきさつが述べられている。それによると、ヘレナがゴルゴタに来て熱心に十字架を探し、三本の十字架が重なりあって見つかったが、そのひとつに「ナザレのイエス、ユダヤ人の王」（ヨハネの福音書一九：一九）と書いた板があったのでそれとわかった。またヘレナはイエスを十字架に打ちつけた聖釘《せいてい》も発見して、それでコンスタンティヌスのためにくつわを作り、もうひとつをディアデム（頭につける鉢巻き状の君主や勝利者のしるし）に編み込んだ。こうして賢明なヘレナによって十字架は帝国の頭に置かれるようになったとアンブロシウスは言う。弔辞のこのくだりは、おそらく彼がすべて考え出したのではなく、当時すでに知られていたストーリーに彼の修飾をほどこしたものだっただろう。

アクィレイア（北イタリア）出身のルフィヌスは、オリーブ山の修道院で十数年を過ごした後ローマに戻り、オリゲネスやフラウィウス・ヨセフスなどのギリシア語の著作をラテン語に翻訳した。彼は四〇二〜四〇三年にエウセビオスの「教会史」も訳した際、コンスタンティヌスの前半生までの記述で終わっていたエウセビオスの著作に、その後三九五年までのできごとを書き足した。その中でルフィヌスは次のように書いている。エルサレムに来たヘレナは、住民にゴルゴタの丘の場所を尋ねてヴィーナス神殿の下であることを知り、そこを掘ると三本の十字架が発見され、ピラトがギリシア語、ラテン語、ヘブライ語で書いた板も見つかった。ど

れがイエスがかけられた真の十字架かがわからなかったが、司教マカリオスが病気になってい
る貴顕の女性に触れさせると、イエスの十字架に触れたとき女性はたちまち元気になって立ち
上がり神を賛美した。そこでヘレナは、十字架が発見された場所にすばらしい教会を建てさせ
た。ヘレナは十字架をコンスタンティヌスに送ったが、その一部を銀の容器に入れてエルサレ
ムに残した。またイエスの手足を十字架に打ちつけた聖釘も発見されてコンスタンティヌスに
送られ、彼はそれを馬のくつわと（ディアデムではなく）兜《かぶと》に取りつけて戦いに使ったという。
このルフィヌスの伝える物語は、真の十字架伝説の決定版となった。ソクラテス・スコラス
ティコス（法律家ソクラテスの意味。コンスタンティノポリスのソクラテスとも呼ばれる）の「教
会史」（四三九年頃）でも同じ内容の話が、もっと言葉に技巧を凝らして書かれている。この伝
説の信憑性についてソクラテス・スコラスティコス自身気にしたのか、これは伝聞ではあるが
コンスタンティノポリスの市民たちは皆それが真実であると思っている、と書き添えている。
少し後に書かれたガザ出身の歴史家ソゾメノスの「教会史」（四四〇〜四四三年頃）でもほぼ同
じエピソードが語られるが、さらに説明がくわしくなり、イエスの罪状を書いた板にはヘブラ
イ語、ギリシア語、ラテン語で「ナザレのイエス、ユダヤ人の王」と書かれていたとあり、ま
たコンスタンティヌスが馬具に聖釘をつけたのは、「ゼカリヤ書」の預言（一四：二〇）の成就
であるという解説もあって、アンブロシウスとルフィヌスの両方を取り入れてわかりやすくし
た文になっている。同時期のアンティオキア司教テオドレトスの「教会史」にも同じエピソー

ドが収録された。このようにしてヘレナの物語は、キリスト教世界に広まり定着した。

真の十字架にまつわる伝説は、さらにふくらんでいった。「ニコデモの福音書」には、ふたりの泥棒の名がディスマスとゲスタスであると書かれており、悔い改めたディスマスは聖人となった。ヘレナに十字架のありかを問われたユダヤ人はユダという名で、最初は教えようとせず空井戸に入れられる拷問を受けたが、十字架を見つけ出した後キリスト教に改宗しキリアコスという名になったという物語も生まれた。「黄金伝説」に収載されている話をまとめると次のようになる。アダムが病床についていたとき、息子のセツは楽園の門へ行き、憐《あわ》れみの木の油をくれるよう天使に頼んだが、天使はかわりに、かつてアダムとエバが実を食べた禁断の木の小枝を与えた。セツが帰ると、アダムはすでに息を引き取っていた。セツはアダムの墓の上に小枝を植えた。その枝はやがて大木になった。ソロモンはその木を切らせて宮殿の材木にしようとしたが、どこに使おうとしても寸法が長すぎるか短すぎるかで使えなかった。大工たちは、その木を池にわたして橋にしていた。やがてシバ（エチオピアまたはアラビア半島南部にあったとされる国）の女王がソロモンの知恵を聞いて会いに来た。シバの女王がこの橋をわたろうとしたとき、この木に救世主がかけられることを霊感によって悟り、橋を伏し拝んだ。ソロモンはこの木を地面に埋めさせたが、やがてそこは神殿に捧げる犠牲獣を洗う池になり、木は浮かび上がってきた。ユダヤ人たちはその木でイエスをかけるための十字架を作ったとされる。

また「黄金伝説」の別の箇所に、ペルシアに奪われた十字架をビザンティンのヘラクレイオス帝が取り戻したときのエピソードも書かれている。彼は十字架をエルサレムに持ち帰ったのだが、馬にまたがりオリーブ山を下って黄金門から入城しようとすると、突然門が崩れて入れなくなり、その上に天使が現れて、天の王たる方がここを通ったときにはきらびやかな衣など着ず、ろばに乗って入ったのだと言った。皇帝は泣いて悔い改め、豪華な衣装も靴も脱いで裸足《はだし》で十字架を捧げ持って門に近づくと、門は元通りになって入城できたという。これらが、よく知られるようになった十字架伝説である。イタリアのアレッツォのサン・フランチェスコ教会には、ルネサンスの画家ピエロ・デラ・フランチェスカによって十字架伝説の各場面が描かれている。なお、ピエロ・デラ・フランチェスカはアレッツォの近くのサンセポルクロで生まれたが、この地名はイタリア語で聖墳墓という意味で、九世紀に聖地へ行ったふたりの巡礼がエルサレムの聖墳墓教会から石を持ち帰ってここに修道院を建設したことにちなんでいる。

真の十字架の木片は、最初はエルサレムとコンスタンティノポリスに所蔵された。エルサレムの木片は、アラブ占領下ではギリシア正教の聖職者により隠されていたが、十字軍による占領後初めてカトリックのエルサレム大司教になったアルヌルフにより「発見」あるいは略取された。この木片は後にサラディンによってダマスカスに持ち去られ、その後どうなったかはわからない。ただし、聖墳墓教会を分担するギリシア正教会とシリア正教会は、現在も真の十字架を保有していると主張している。一方、コンスタンティノポリスの真の十字架は、前にも述べたように聖釘や釘抜き、茨の冠などおびただしい聖遺物とともに宮殿内に保管されていたが、一二〇四年の第四次十字軍によって略奪され、西ヨーロッパに運ばれた。現在西欧の教会や美術館にあるビザンティンの美術工芸作品は、ほとんどがそのときに略奪されたものと言ってもよい。第四次十字軍に参加した騎士ロベール・ド・クラリは宮殿の礼拝堂に、長さ一メートルほどで太さが人の脚ほどの真の十字架の木片がふたつあったと述べているが、現在そういう大きさのものはどこにもない。真の十字架は小さな木片に分割され、聖遺物容器に収められて各地に分散している。すべての木片を集めると大きなビルほどの体積になるという説もある。

十字架のしるしは象徴性を帯び、信者が祈りのときに身体の前で十字の形に手を動かしたり（「十字を切る」と言う）、教会の建物を上から見ると十字架の形に作ったりするようになった。十字架にも、腕木の長さが同じギリシア十字と縦が長いラテン十字をはじめ、さまざまなバリエーションが生まれた。イギリスやスイス、ギリシアなどヨーロッパの多くの国の国旗にも取り入れられている。歴史上のシンボルマークの中でももっとも広く使われたもののひとつであろう。しかし十字架のマークの

ピエロ・デラ・フランチェスカの壁画（部分）（1452〜58年頃、アレッツォ、サン・フランチェスコ教会）。左ではシバの女王が橋を拝み、右ではソロモンに面会する

スタヴロ修道院旧蔵のトリプティック（三連祭壇画）（部分、ニューヨーク、ピアポント・モーガン・ライブラリー）。これは1100年頃に制作されたビザンティンのトリプティック（観音開きになった小祭壇）の中央部分で、十字架形のところに真の十字架の木片が埋め込まれているとされる。人物像は、上が天使ガブリエル（左）とミカエル、下がコンスタンティヌス（左）とヘレナ。このトリプティックは、1150年代にベルギーで作られたもっと大きなトリプティックの中にはめ込まれている

シンプルで明瞭な意匠に加え、実体としての真の十字架の存在と、その由来を物語る説話と、説話の現場である聖地という要素がすべてそろったがゆえに、このマークは確固としたメッセージ性を獲得したように思われる。

園の墓

さて聖墳墓教会が本当にイエスの墓かどうかという疑問は、実はキリスト教徒の中にもずっとあった。そういう疑問が生じる要因のひとつとして、処刑場や墓地はどの町でも城壁の外側にあったはずなのに、聖墳墓教会は城壁内だということがある。その疑問に対して、ヴィア・ドロローサの第七ステーションの場所がイエス時代の城門で、聖墳墓教会の位置は当時はぎりぎり城壁外だったという説明がされている。しかし実際のところ、城門や城壁の遺構があるわけではないし、第七ステーション城門説は少々苦しいつじつま合わせという感じがしないでも

ない。

聖墳墓教会の正真性が疑われるようになったもうひとつの要因は、聖墳墓教会の内部が何度も作り直されている間に、聖書に書かれた様子からはすっかりかけ離れた人工的な建築空間になったということがあるだろう。前述の聖墳墓にかかわる［エピソード4］では、マグダラのマリアが、金曜日の夕方にイエスを埋葬し安息日の土曜日をまんじりともせず家で過ごした後、日曜日の夜明けとともに朝露を踏んでイエスの墓へと急ぐ姿が思い浮かぶ。美術作品でも聖墳墓は屋外の岩として描かれるのが常で、たとえばフラ・アンジェリコの「我に触れるな」（フィレンツェ、サン・マルコ博物館、一四三八年頃）では、木々で囲まれた美しい庭園に岩穴の墓があり、そこから復活したイエスにマグダラのマリアがすがりつこうとする。イエスが鍬《くわ》を肩にかついでいるのは、マリアがイエスの声を聞いて最初「園丁と思った」（ヨハネ二〇：一五）という聖書の記述に合わせたためである。こういう場面と聖墳墓教会の内部とでは、あまりにもイメージが違いすぎる。イエスを葬ったのは岩穴であるはずだが、

フラ・アンジェリコ「我に触れるな」（1438年頃、フィレンツェ、サン・マルコ博物館）

周囲を削って壁で囲んだ結果、独立した建築物になっていて岩肌が見えるところはない。

またその一方にある現実的な問題は、聖墳墓教会の使用権はギリシア正教会とフランシスコ会などが押さえてしまっていて、現状変更を認めないスタトゥス・クオもある以上、そこにプロテスタント諸派が食い入る余地はないということであった。一九世紀に世界の交通が一段と便利になり、プロテスタントが主流のイギリスやアメリカ、またイギリスがアジア・アフリカに持っていた植民地からの聖地巡礼も増えるにつれて、彼らの不満は高まっただろう。

そういう気持ちを背景として、一九世紀には、ゴルゴタの丘と聖墳墓の新たな候補地探しが始まった。一八四二年にドイツのルター派の聖職者オットー・テニウスは、ダマスカス門の外、北へ二〇〇メートルほどのところにある崖の面の凹凸が、太陽光の陰影によりゴルゴタ、つまり髑髏《どくろ》に見えると主張した。これは科学とか発見と言うよりは、オカルトと呼ぶべきものであろう。しかしその周辺が発掘調査され、古い時代の墓や、大きな貯水槽や古代のブドウしぼり槽の発見が相次いだ。それらを総合して、その場所は福音書に豊かな議員だったと記されているアリマタヤのヨセフが所有していた土地で、彼が十字架から下ろしたイエスの身体を引き取って自分の地所の新しい墓に葬ったのではないかという仮説が成立した。また、十字架磔刑は見せしめとして人通りの多いところでおこなわれたはずだから、ダマスカス門のすぐ外のこの場所がふさわしいという考察もその仮説を補強した。イギリスのチャールズ・ゴードン将軍は、この説の熱烈な支持者であった。ゴードンは、クリミア戦争や、太平天国の乱時代の中国や、オスマン帝国時代のエジプトで活躍したカリスマ的な軍人で、宗教的情熱から一八八〇年代にエルサレムで聖跡の探査に加わったこともあった。後にスーダン総督だったときに反乱軍に包囲されて援軍が到着する二日前に戦死し、イギリスでは殉教者のように扱われた。彼は有名人だったので、ここの髑髏に見える崖はその名を取って「ゴードンのカルヴァリー（英語でゴルゴタのこと）」と呼ばれることもある。

髑髏に見えるとされた崖。現在は風化が進んだため髑髏のようには見えにくい

園の墓。巡礼たちが入って行くところが墓の岩穴

崖から少し離れたところに、岩穴の墓がある。その中では、岩盤が石棺のような形に彫り出されている。上の壁には古拙な感じで、十字架と、イエス・キリストの略号であるIC XCというギリシア文字と、イエスが自分はアルファでありオメガであると語った言葉からΑとωの文字が書かれている。また岩穴の入口には、大きな石の円盤を転がして穴

をふさぐための溝がある。周囲は植物の植えられた美しい庭になっている。まさにルネサンス時代の絵画に描かれた聖墳墓のイメージにぴったりである。というより、絵画に似せて整備したのであろう。こちらが本当のイエスの墓だったと信じる人々ももちろんいるのだが、ここを管理する英国国教会系の「園の墓協会」という団体は、断定的なことは述べていない。この場所は聖書に書かれたイエスの墓の特徴を持っていて、多くの人がこれこそイエスの墓だと信じてきて、復活の朝のできごとを想像するよい助けになるというように、慎重に説明している。

園の墓内部

弟子たちに現れる

イエスが墓から消えているのを最初に知ったのはマグダラのマリアらの女性たちだったが、彼女らから男性の弟子もそのことを知らされた。ペトロとヨハネは走って墓を見に行きそれを確認した。しかし彼らの反応は鈍かった。自分は復活するとイエスが予言していたことをよく理解できていなかったためである。

その後に起きたできごとは、福音書によって違う。イエスは生前、弟子たちに「自分は先にガリラヤへ行っている」と言っていた。「マタイの福音書」では、弟子たちはガリラヤ地方に戻り、あらかじめ指定されていた山でイエスに会ったと書かれている。

「ヨハネの福音書」には異なる話が書かれている。イエスが墓からいなくなった後、弟子たちがユダヤ人を恐れて部屋に閉じこもっていると、イエスがどこからか入ってきて「平安あれ」と言った。このとき、弟子のひとり、トマスはいあわせなかった。彼はイエスが復活したと聞いても信じず、「釘で打たれた手を見て、自分の指をわき腹の傷に入れてみなければ信じない」と言った。再び弟子たちが、トマスも含めて集まっているとイエスが現れて、自分の傷に指を入れてみて、信じない者にならず信じる者になりなさいと言った。イエスがトマスや弟子たちに会った部屋は、最後の晩餐の部屋とされる。

エルサレムでそういうことがあってから、ペトロやヨハネら弟子たちが皆ガリラヤに帰って、昔のように湖で漁をしているとイエスが現れた。イエスのアドバイスに従うと、たくさんの魚が捕れた。突然の出会いだったにもかかわらず、弟子たちはもう驚かず浜辺で一緒に魚を焼いて食べたり話をしたりした。この最終章は、彼らがまだエルサレムに行く前、イエスと出会って弟子になりガリラヤでともに過ごしていた日々の、静かな回想シーンのように感じられる。

エマオ

「ルカの福音書」では、イエスの復活後のエピソードとしてまた別の話が語られる。クレオパらふたりの弟子がエマオに向かって歩きながら、エルサレムで起きたこれまでのことを語り合っていた。するとイエスが一緒に歩き出したが、ふたりにはイエスだとわからなかった。ふたりは問われるままに、イエスの受難と埋葬のことを話したが、イエスが復活したという意味がよくわかっていなかった。イエスは旧約聖書に書かれていることをすべて説明した。ふたりはエマオに着き、イエスも引きとめて一緒に食事をした。イエスが最後の晩餐のときのようにパンを祝福して裂いてふたりに渡すと、彼らの目が開いてイエスであることがわかったが、そのときにイエスはいなくなっていた。ふたりの弟子は「聖書を説明してもらっているとき、私たちの心は燃えていたではないか」と語り合った。美術ではこの場面は、三人が食事をする「エマオの晩餐」という主題で描かれることが多い。

このエマオの場所は、エルサレムとテルアビブを結ぶ道路のほぼ中間地点で、どちらからも二〇キロほどの距離にあるエマウス・ニコポリスがその有力候補となってきた。ここはもともと交通の要衝であった。モーセの後継者ヨシュアがアモリ人に大勝利したアヤロンの谷（ヨシュア記一〇：一二）や、紀元前二世紀にセレウコス朝シリアがエルサレムを攻めたときに主戦場となったアマウス（マカバイ記一、三〜四）も、エマオのことと考えられている。その後、ローマ帝国がここに町を建設し、ニコポリス（勝利の都市という意味）という名がつけられた。エウセビオスは四世紀に、現在のニコポリスがエマオだと述べている。ビザンティン時代にも続いて発展し、教会が建てられた。イスラム統治下では衰えたが、十字軍時代には教会が再建された。オスマン時代末期の一八七八年にカルメル会が、エマオの横にある小高い丘にラトルン修道院を建てた。イギリス統治時代、イギリスはその北にテガート要塞という軍事基地を建設した。一九四八年の第一次中東戦争でもまた、ここはイスラエル軍とヨルダン軍の激戦地となった。そのときはヨルダンが占領したため、イスラエルはテルアビブとエルサレムを結ぶ幹線道路を使えなくなり、別の道を作らなければならなくなった。一九六七年の第三次中東戦争でイスラエル軍がここを奪取して、国道一号線が通るようになり、現在はその状態が続いている。

ディエゴ・ベラスケス「エマオの晩餐」(1622〜23年、ニューヨーク、メトロポリタン美術館)

現在のエマオは新約聖書の聖跡というより、イスラエルにとっての軍事的な要衝の意味が強い。この地区の中央に、高速道路の十字路となるラトルン・インターチェンジが作られて、この地域は道路ですっさりと四つに区切られている。南東にはパレスチナ人の住む村があったが、第三次中東戦争以後イスラエルがその土地を強制的に収用し、住民を追い払った。カナダのユダヤ系基金が資金を提供して、アヤロン・カナダ・パークという広い自然公園になっている。エマウス・ニコポリスの遺跡はその中にあり、ローマ時代の浴場や住居跡、ビザンティン時代の教会の遺構が発掘されている。インターチェンジの南西の丘にはラトルン修道院があって、現在はトラピスト会の修道院として活動しており、周囲のブドウ畑で採れたブドウから、キリスト教のミサ用に認定されたワインも製造している。北西のテガート要塞の建物は保存されてラトルン戦車博物館になり、何十両もの世界の戦車が野外に展示されている。

イエスの昇天

「ルカの福音書」では、イエスは最後に弟子たちをベタニアの近くへ連れていき、祝福を与え、そうしているうちに天に昇った。昇天についての記述は「使徒言行録」にもある。それによればイエスは弟子たちの前で天に昇り、雲に隠れて見えなくなった。弟子たちが天を見ていると、白い衣を着たふたりの人がそばに立っていて、「イエスは天に昇ったのと同じ様子でまた来るだろう」と告げた。それから弟子たちはオリーブ山を下ってエルサレムに戻り、また最後の晩餐の部屋に集まった。

これを読むとイエスの昇天の地はベタニアの近くと思われるが、「オリーブ山を下って」という記述から、オリーブ山であると考えられた。ベタニアからエルサレムに帰るにしてもオリーブ山の方から帰るのだが、オリーブ山の頂上から昇天したとする方が劇的でロケーションが良いからであろう。

前にも述べたが、オリーブ山上には四世紀のコンスタンティヌス時代に主の祈りの教会（エレオナ教会）が建てられて、最初はそこが昇天の場所とされていた。しかしそのすぐ近くにある、オリーブ山の文字通りの頂上、一番高い地点が昇天の場とされるようになった。エゲリアが三八四年にそこを訪れたときには、建築は何もなかったようだ。しかしその後まもなく、三九二年までに、皇族のポイメニアという女性が資金を提供してそこを整備した。四〇〇年頃になると、そこにイエスが昇天のとき最後に地面を踏んだ足跡というものが作られた。六世紀には、オリーブ山には二四の教会が建てられ、大勢の修道士や修道女が暮らすようになっていた。司教アルクルフは六八〇年頃にオリーブ山を訪れ、昇天の場所には大きな円形の教会があると述べている。そこにはイエスの足跡もあった。建物の中央部分には屋根がなく、イエスが最後に立った場所から天の高みへと引き上げられた、その方向を見ながら祈ることができるようになっていた。彼が見たのは、ペルシアによって六一三年に破壊され、再建された後の建物であろう。足跡は、はじめは土についていたようだが、いつかはわからないが足跡のついた岩に置き換えられた。

昇天礼拝堂

昇天の教会はアラブ侵攻のときも被害を受けたが、一二世紀に十字軍によって再々建された。その中心になる建物が、現在も残っている昇天礼拝堂である。一一八七年にサラディンはここをモスクに変えたが、キリスト教徒も祈りに来ることが許されていた。現在もここはイスラム教が所有しているが、誰でも入場できる。壁で広い範囲が囲まれた中に、丸いドームのある小さな八角形の礼拝堂がある。壁の下部が十字軍時代のもので、壁の外面は小円柱とアーチで装飾されている。壁の上部とドームは、一八三五年につけ加えられた近代の部分である。内部の中央の床に、イエスが最後に地上に残した右足の足跡のついた岩が埋め込まれている。左足の足跡の部分は、神殿の丘にあるアル・アクサ・モスクに移された。

昇天礼拝堂の内部。床の四角い枠の中がイエスが最後に踏んだ岩

昇天とは

さて今さら変な疑問と思われるかもしれないが、そもそもイエスはなぜ「天に昇った」ということになったのであろうか。「使徒言行録」の中でペトロは、「ダビデは天に昇ったのではなく死んで葬られて現に墓がある。しかしイエスは神がよみがえらせて自分の右に座らせたの

だ」と言っている（二：二九〜三三）。右は良い方向で、自分の右に座らせるのは敬意を払うやり方である。救世主というものはダビデの再来と考えられてきたが、イエスを救世主と考えた人たちは、イエスをダビデとは違った形で神格化しようとしたようである。どうすればイエスが神格化されたと、彼らは実感することができたのであろうか。

そこでヒントになりそうなのは、ローマ皇帝が死んだ後で神格化された祭儀である。大英博物館にある象牙彫刻（四〇〇年頃）は、その様子を表している。画面下部の山車《だし》に座っている男性像は、亡き皇帝の巨大な彫刻である。下にいるゾウ部隊がこの山車を引いている。中央左では、太陽神の馬車と思われる彫像を載せた壇がある。ここに表された皇帝は誰かわかっていないが、亡くなった皇帝の神格化にあたってはこういう祭儀がおこなわれた。その上空では、

象牙彫刻（400年頃、ロンドン、大英博物館、部分）。天に昇り祖先に迎えられる皇帝

木製聖遺物容器（6世紀、ヴァティカン美術館）。天に昇るイエス

翼のある男性像のイオン（永遠の擬人像）たちにかつがれて、皇帝が天に昇る。雲の上に並んでいるのはすでに神格化された皇帝の祖先たちで、皇帝は手を上げて挨拶し、今その座に迎えられようとしているのである。上部右端には太陽神と黄道十二宮の星座の印が表され、ここが天上であることが示されている。このように、ローマの神格化とは、天に昇って祖先神の中に加わることであった。

先にも述べたように、キリスト教はユダヤ教から分かれた宗教であるが、ギリシア・ローマ文化の影響を強く受けていた。だから、イエスはダビデのように墓に葬られるのではなく、天に昇って父である神の横に座ると考えられるようになったのだろう。初期のキリスト教美術でも、ローマ美術の影響が見られる。前にも述べた聖地の石セットの蓋に描かれた昇天の場面で、イエスは弟子たちに見守られながら昇天する。しかし彼は独力で空を飛んで天に昇るのではなく、翼のある天使にかつがれて天に運ばれる。これはイオンにかつがれて天に登る皇帝像が昇天場面の原型になったためと考えられる。

昇天後の弟子たちと聖ステファヌス教会

イエスはこうして天に昇った。五旬祭に弟子たちに聖霊が降った「使徒言行録」のエピソードは、最後の晩餐のところで述べた。その後、ペトロやヨハネら弟子たちはエルサレムにいて、病人を癒したりナザレのイエスはメシアであると説教したりしていた。ペトロとヨハネは捕らえられて議会で取り調べを受けた。ペトロは病人を癒したのは十字架上で殺されて神が復活させたナザレのイエス・キリストの名においてだと明言したが、議会はどう処罰していいかわからず、ふたりは釈放された。その後、弟子たちはますます公然と活動するようになった。大祭司は弟子たちを捕らえて牢に入れたが、夜中に天使が戸を開けて彼らは解放され、神殿の境内で説教するようになった。弟子たちはサンヘドリン（最高法院）で取り調べを受けたが、ファリサイ派の長老のガマリエルが彼らからは手を引こうと提案し、弟子たちは鞭で打たれて釈放された。

ペトロの弟子たちが増えたので、十二使徒はその中から七人を互選で選び幹事にした。そのうちのステファヌス（またはステファノ）は議論に達者な人であったが、そのため議論に負けた人たちから恨まれ、サンヘドリンに引き出された。ステファヌスは弁舌さわやかに旧約聖書を語り、預言者は常に迫害されてきたと述べた。人々はステファヌスをエルサレムの城壁の外に引きずり出して、石を投げつけて殺した。この後イエスの弟子たちに対するユダヤ人の迫害

ダマスカス門外の聖ステファヌス教会

は強くなり、弟子たちはエルサレム以外で活動するようになる。
ステファヌスがダマスカス門から城壁外に引き出されたと考えられたため、ダマスカス門がステファヌス門とも呼ばれることは先に述べた。ダマスカス門の二〇〇メートルほど北には、聖ステファヌス教会がある。この教会は、最初はエウドキアが五世紀に建設したと言われている。これはペルシアによって破壊されたが、ビザンティン帝国がエルサレムを奪還した時期に、エルサレム総主教ソフロニオスによって再建された。ソフロニオスは、ダマスカスで生まれ、エジプトで修行をし、ベツレヘムで修道士になった後、六三四年にエルサレム総主教になった。キリスト教の教義について膨大な論文を書いたことが知られているが、その著作は失われてしまった。

聖ステファヌス教会はその後、十字軍時代に拡充されたが、十字軍勢力がエルサレムから退却するときに自ら破壊していった。そこの土地を一九世紀にフランスのドミニコ修道会が取得して、一九〇〇年に現在の建物が建てられた。フランス系の施設なので、サンテティエンヌ（フランス語で聖ステファヌスのこと）教会と呼ばれることも多い。地下に古代やビザンティン時代の墓があるが、ステファヌスの墓とはされていない。この教会には、修道院とフランス聖書考古学院という研究施設も併設されている。

獅子門もステファヌスが引き出された門と考えられていることは、先に述べた。獅子門の外のキドロンの谷にも、聖ステファヌス修道院がある。そちらはギリシア正教の施設で一九六七年に建てられた。ステファヌスが石で打ち殺された場所に建てられたと主張しているが、あまり人が訪れるところではない。

聖母マリアの墓

イエスの昇天後の伝承をもとにして著名な聖地になったのは、聖母マリアの墓である。マリアの後半生について聖書には何も書かれていないが、暗示していると読める箇所もある。「ヨハネの福音書」では、イエスは十字架の上からマリアとヨハネを見て、マリアに「見なさい、あなたの子です」と言い、ヨハネに「見なさい、あなたの母です」と言った。つまり自分の亡き後、マリアはヨハネを息子と思い、ヨハネはマリアを母として支えよという遺言である。それを受けてヨハネはマリアを自分の家に引き取ったと書かれている。

そのヨハネは、エルサレムを離れてエフェソスへ行ったと考えられた。エーゲ海岸のエフェソスは、ローマ帝国のアシア属州の州都として、当時は非常に繁栄した大都市だった。ヨハネはそこで活動したが、ローマ当局によってエーゲ海北部のパトモス島に追放され、そこで「黙示録」を書いた。後にエフェソスに戻ってから福音書を書いたか、あるいは口述筆記させたと

エフェソス、聖ヨハネ教会の廃墟

される。そのため彼は、洗礼者ヨハネと区別して「使徒ヨハネ」と呼ばれるとともに「福音書記者ヨハネ」でもあり、「神学者ヨハネ」とも呼ばれる。ヨハネは殉教はせず高齢で亡くなり、古代のエフェソスの遺跡からは少し離れた、現代のセルチュクの町に近いアヤソルクの丘に葬られた。アヤソルクとは、聖なる神学者という意味のギリシア語「アギオス・セオロゴス」がなまったトルコ語である。エゲリアはエルサレム巡礼の後で、ヨハネの墓があるエフェソスにも行こうとしていた。巡礼記の後の方が失われているのでそれについての記述は残っていないが、四世紀の時点でもうエフェソスはヨハネの巡礼地になっていたことがわかる。もっと後の六世紀に、ビザンティン皇帝ユスティニアヌス帝はヨハネの墓の場所に巨大な教会を建てた。それは廃墟となって現在でも残っている。

ヨハネがエフェソスに行ったときに、聖母マリアも一緒に行ったのかどうかは何もわからない。二世紀に書かれた新約聖書外典の「ヨハネ言行録」にもマリアのことは何も書かれていない。だが、マリアもエフェソスに行って住んだという伝説も生まれた。古代のエフェソスの遺跡から山をへだてて四キロほど離れたところには、聖母マリアが住んだ家というところがある。

ただしそれは一九世紀に巡礼地になったもので、おそらく一二〜一三世紀の建物である。

しかし大方の人は、マリアはイエス亡き後もずっとエルサレムに住んだと考えた。「黄金伝説」では、エピファニオスやエウセビオスなど多くの著作を比較検討しながらマリアの後半生がまとめられている。それによると、使徒たちが布教のため世界に散らばっていった後も、マリアはシオンの丘に住んでいた。彼女は年を取って、余生はわが子イエスが洗礼を受けた場所や受難の場所、復活と昇天の場所などの聖地を、心静かに訪ねて回りたいと思っていた。あるときマリアはイエスを思う気持ちを抑えきれなくなった。するとそこに天使が現れて、あなたは三日後にイエスのもとへ行きますと言った。マリアはそれに応えて、それなら世を去る前に使徒たちともう一度会いたいと要望した。ヨハネはそのときエフェソスにいたが、雲に運ばれてマリアの家に着き再会を果たした。他の使徒たちも集まってきた。皆が集まるとマリアは床についた。そこへ、イエスが大勢の天使や族長や殉教者たちを従えて現れた。賛美の歌が歌い交わされる中、マリアの魂は肉体を離れ、イエスの腕に抱かれた。イエスは使徒たちに、マリアのなきがらをヨシャファトの谷の新しい墓に葬るようにと言った。そしてマリアは天に迎えられ、イエスの右に座った。その後使徒たちはマリアの棺をかつぎ、天使も一緒になって賛美歌を歌いながら墓へ向かった。途中でユダヤ人たちがマリアの遺体を強奪しようとして現れたが、大祭司がマリアの棺に手をかけると、手が萎《な》えて棺から離れなくなった。大祭司はペトロに、ペトロが女に告発されたとき（鶏鳴教会での「ペトロの否認」のこと）実は自分が見逃してあげたのだから助けて欲しいと頼んだ。ペトロは、マリアの棺にくちづけしイエス・キリストを信じると言いなさいと言い、大祭司がそうすると手が治った。使徒たちはマリアの棺を墓に運んで、そこで待った。三日目にイエスがまた現れた。天使ミカエルが運んできたマリアの魂が肉体に戻り、マリアは墓から起き上がって大勢の天使たちとともに天に昇った。使徒トマスはこのときいあわせず、起きたことを信じなかった。すると天から聖母マリアの腰帯が降ってきた。また墓の中には聖母の衣が残されていた。この衣はその後数々の奇跡を起こした。

この「黄金伝説」の記述は、ヨーロッパ人が聖地巡礼にあこがれる気持ちや、エルサレムにすでにあったマリアの聖跡や、聖遺物の由来などを話に盛り込んで書かれたものである。もっと歴史をさかのぼると、「ブレヴィアリウス」には、ヨシャファトの谷にマリアの墓と、ユダがイエスを裏切った場所と、最後の晩餐の場所があると書かれており、それがマリアの墓についての最初期の記録かと思われる。ピアチェンツァの巡礼によれば、ゲッセマネの園に近いところにマリアのバシリカがあり、そこはマリアが住んだ家の場所でもあって彼女はそこで亡くなったと考えられていた。もう少し後、バイエルンのアイヒシュテットの司教ウィリバルトは七二四年か翌年にエルサレムを訪れ訪問記を残した。それによると、ヨシャファトの谷にはマリアのバシリカがあり、そこに墓もあった。また、門（獅子門のことか）の前には円柱があってその上には十字架が立っていた。それは、トマスを除く一一人の使徒たちがシオンの丘から墓までマリアの棺を運ぶときに、ユダヤ人たちがそれを奪おうとした場所を示していた。この頃までには、「黄金伝説」に収録されたエピソードと聖跡はおおかた出そろっていたようだ。

マリアの教会は、おそらく五世紀に建てられ、六世紀にも改築されたらしい。その地下にマリアの墓があった。教会はペルシアやアラブの侵攻で破壊されたが、墓は壊されなかった。イスラム教でもマリアに敬意を払うからである。一一三〇年に十字軍によって教会が再建され、周囲に修道院もある大規模なものになった。ビザンティン時代にはマリアの墓室は斜面を掘り込んだ半地下だったが、十字軍時代に周囲に盛り土がされて地盤がかさ上げされ、その分長い階段で地下深くへ下りるようになった。神秘的な雰囲気を演出するための工夫であろう。一一八七年のサラディンの侵攻のときに教会や修道院施設はまた破壊されて、石材は城壁の補修のために使われたが、墓はそのまま残された。それが現在の聖母マリ

聖母マリアの墓

聖母マリアの墓。右奥の四角いエディクラの中に石棺がある

アンナとヨアキムの墓

ヨセフの墓

ラファエロ「聖母マリアの戴冠」(1502〜04年、ヴァティカン美術館)。上段ではマリアがイエスの右に座り冠を受ける。下段では弟子たちが石棺を囲む。棺の中には花が咲いている。中央で腰帯を手にして天を見上げるのはトマス

アの墓である。墓は現在もイスラム教が保有しているが、管理はギリシア正教会とアルメニア使徒教会に託されている。

周囲の地面より一段低い前庭から、墓の入口に設けられた建物に入る。この建物は一二世紀のものである。そこから階段で地下の墓室へ下りる。墓室は左右の

方向に長くなっていて、天井からは無数の香炉がつり下がっている。右奥にエディクラ（小さい祠）があり、その中にマリアの棺が安置されている。おそらくローマ時代の一～二世紀に作られた大理石の石棺と思われる。マリアは肉体も天に迎えられたのだから、もちろん棺は空である。墓室の東端に、聖母子のイコンが置かれた祭壇がある。エディクラの壁や周囲の壁面にも多くのイコンが掲げられている。

入口からの階段の両側に、小さな墓室が設けられている。ひとつはエルサレム王国のメリザンド女王のもので、彼女は一一六一年にここに埋葬された。その前に母のモルフィアも埋葬されていた。その後ふたりの遺骸は他の墓室へ移され、墓室にはふたつの棺が並んでいて、マリアの両親アンナとヨアキムの墓になっている。またもうひとつ小さな墓室があり、最初はやはり十字軍の王族が葬られたらしいが、その後マリアの夫ヨセフの墓になっている。

墓の前庭からは、別の洞窟にも行くことができる。そこはゲッセマネの洞窟という名前で、内部をフランシスコ会が小さな礼拝堂にしている。

聖母の眠り教会

シオンの丘には、四世紀にシオン教会が建てられた。それは六一四年に破壊され、十字軍によって再建され、また壊されて、その後は元の大きさで復元されることはなかった。その一角がダビデの墓と最後の晩餐などの部屋になっていることはすでに述べた。

最後の晩餐の部屋の屋上から見た聖母の眠り教会

聖母の眠り教会

　一八九八年にドイツ皇帝ヴィルヘルム二世はオスマン帝国を訪れ、イスタンブール、エルサレムとベツレヘム、ダマスカスなどを歴訪した。当時ドイツは工業国として「第二次産業革命」とも呼ばれる急成長の最中で、オスマン帝国に兵器や鉄道などを大々的に売り込んでいたため、友好的な関係を深めようとしたのである。彼はダマスカスのサラディンの墓に詣《もう》で、サラディンをたたえる演説もしている。ヴィルヘルム二世のエルサレム入城パレードをするためにヤッフォ門が広げられたのはこのときである。

　彼はスルタンのアブドゥル・ハミド二世から、シオン教会だった土地の一部、ダビデの墓のモスクと隣り合う場所を一二万マルクで買い取り、それをドイツ聖地協会に寄進した。シオンの丘は聖母マリアが眠りについた場所とされているので、聖母の眠り修道院が建てられた。これはベネディクト会の修道院になっている。

修道院の中心になる教会は、大きなドーム屋根を持つ建築である。建築家テオドール・サンデルの設計で一九〇〇年に建設が始まり、一九一〇年に完成した。内部は大きな空間で、アプシスはビザンティン風の大きな聖母子像のモザイクで飾られ、周囲の壁に並ぶ小さな祭壇の後ろにもモザイクがある。最後の晩餐の部屋から、この教会の外観がよく見える。ドームを支える大きな円筒の周囲に四つの小塔がついていて、全体の形も細部の作り込みも、まるでドイツにあるロマネスク時代の教会のようだ。ドイツ皇帝の寄進で建てられたのでドイツ風なのは当然である。また第一次十字軍の時代がロマネスクの時代なので、特にその様式が選ばれたのかもしれない。教会の地下にはクリプト（地下墓室）があり、中世の棺のように、横たわるマリアの彫像が上に載った棺が安置されている。アプシスのモザイクやマリアの彫刻は、ドイツ・ロマネスクの名建築、マリア・ラーハ修道院所属の美術作家である修道士が制作した。

以上が主要なキリスト教の聖跡についての説明である。

第五章　イスラム教とエルサレム——ムハンマドとカリフたちの遺産

ムハンマドとイスラム教

ムハンマドは五七〇年頃に現サウジアラビアのメッカ（マッカ）で生まれた。メッカはアラビア半島西部の紅海にほど近い商業都市で、エジプトやエルサレムから紅海沿いに南に下った位置にある。ムハンマドの父アブドラは生まれる前に亡くなり、また母アミナも彼が六歳のときに亡くなった。そのため、彼は祖父や叔父のもとで育てられた。彼は、メッカの有力な部族であるクライシュ族に属し、その中のハシム家の一員であった。

メッカには、ずっと昔からカアバ神殿があった。現在のカアバ神殿は一辺が一〇メートル余りの立方体の建物で、その外壁に黒い石が埋め込まれている。黒い石の正体は隕石《いんせき》かとも言われる。カアバ神殿は今ではイスラム教最大の聖地として有名だが、ムハンマドの時代にはさまざまな神々がここにまつられていた。クライシュ族はこのカアバ神殿を管理する役割にあり、また交易などに従事していた。人の往来は盛んであり、ユダヤ教やキリスト教も伝わっていた。

ムハンマドの親族にもキリスト教徒がいた。ユダヤ教徒やキリスト教徒の信じる神が、アラビア語ではアッラーと呼ばれて信仰されていた。カアバ神殿にまつられていた神々のうちの最高神がアッラーであるという説もあるが、土着の伝統的な神がユダヤ教・キリスト教の神と習合していたかもしれない。

ムハンマドはしばしば、メッカの近くにあるヒラー山の洞窟で祈る日々を過ごした。四〇歳のときに洞窟に天使ガブリエル（アラビア語ではジブリール）が現れ、神からの啓示を受けた。六一二年に、ムハンマドはその啓示を周囲の人々に語り始めた。その教えは、唯一神アッラーを信じ、最後の審判に備えて善行を積み、豊かな者は弱い者や貧しい者を助けて、誰もが幸せに暮らせる共同体を作るべきだというものであった。神が天使ガブリエルを通じてムハンマドに下した啓示をまとめたものが「コーラン（クルアーン）」である。信奉者も生まれたが、ムハンマドの教えはクライシュ族をはじめ当時のメッカの人々には受け入れられなかった。ムハンマドは最初、出過ぎた真似《まね》をやめるようクライシュ族から圧力をかけられ、それを拒否すると迫害を受けるようになった。つまりムハンマドは、最初は洗礼者ヨハネやイエスのような人であった。

六二二年に、ムハンマドはメディナ（当時の地名はヤスリブ）の住民から、土着宗教やユダヤ教などがからんだ部族間抗争の調停役として招かれた。ムハンマドと数十人の信奉者たちは、メッカを脱出してメディナに移住した。そこでムハンマドを中心にしたイスラム共同体が生まれた。イスラムとは、唯一の神に帰依することである。そこで彼の提唱した、信仰を中心とした集団生活が始まったので、後にはこの移住（ヒジュラ）の年、六二二年がイスラム暦の元年とされた。その後、ムハンマドの信奉者たちは急速に勢力を拡大した。イスラム教徒はムスリムと呼ばれる。ムハンマドの軍はクライシュ族との何度かの戦闘に勝ち、六三〇年にムハンマドがメッカに向かったときには、メッカは戦わずに降伏した。カアバ神殿にあった多神教の偶像はすべて破壊され、イスラム教の聖地に生まれ変わった。ムハンマドが説いた宗教は、アッラーの神を唯一神とするもので、モーセやイエスなど神の言葉を伝える預言者は昔から何人も現れたが、ムハンマドこそが最終預言者という位置づけであった。アブラハム（アラビア語でイブラヒム）と側室ハガルの子イシュマイルが天使に救われた後住んだのがメッカで、アブラハムが訪れて一緒にカアバ神殿を作ったという信仰も生まれた。

アラビア半島地図

　ムハンマドはメッカ帰還二年後の六三二年に、六〇代で亡くなった。戦いに次ぐ戦いだったが、ムハンマドの時代にもう、イスラム教のアラブ人はアラビア半島を統一していた。ムハンマドの後継者としてイスラム共同体を率いた人を、カリフと呼ぶ。初代カリフのアブー・バクルは在位二年で亡くなった。二代目のカリフ、ウマル・イブン・ハッタープは、六四四年までその地位にあった。その一〇年間で、アラブ人のイスラム共同体は大きく広がった。シリアやパレスチナではビザンティン帝国とペルシアがずっと領土争いをしていたが、アラブが割って入るような形で領土を広げた。この国のことを呼ぶために適切な国名はない。イスラム教を信じる人たちの国であるために「イスラム帝国」という場合もあり、また他国を支配する中でアラブ人が特別の権利を持ったので「アラブ帝国」と呼ぶ場合もある。後にカリフの地位が世襲化すると、これを王朝と見なして「ウマイヤ朝」「アッバス朝」などと呼ぶ場合もある。

エルサレムだけを定点観測的に見ると、一世紀以来五〇〇年以上にわたってローマ帝国とその続きであるビザンティン帝国（東ローマ帝国）の領土だったのが、これまでにも述べたように、六一四年にペルシアが占領し、一五年後の六二九年にビザンティン帝国のヘラクレイオス帝が奪還し、九年後の六三八年に今度はアラブに占領された。しかし西アジア全体を見ると、ビザンティン帝国とペルシアという古い大国が争っていたところへ新興のアラブ勢力が割り込むように進出したことによって、大きく勢力分布図が変わったということになる。ペルシアは六四二年に、アラブによって事実上滅ぼされた。ムハンマドがメッカからメディナに移ってから、わずか二〇年間の出来事であった。さらに六七四年には、アラブはビザンティン帝国の首都コンスタンティノポリスを攻撃するほどだった。

イスラム教には、啓典、つまり啓示の書物がある。神からモーセ（アラビア語でムーサー）に与えられたモーセ五書、ダビデ（ダウド）に与えられた詩編、イエス（イーサー）に与えられた福音書、そしてムハンマドに与えられたコーランである。その中でコーランが最重要である。このようにユダヤ教やキリスト教と共通するものがあり、この三つの宗教の信者は「啓典の民」とも呼ばれる。イスラム教徒が、聖地メッカの方角を向いて礼拝することはよく知られている。この方角のことをキブラと呼ぶ。イスラム教の中でこの習わしが生まれた最初期には、ムハンマドとその信奉者たちはエルサレムの方を向いて祈っていた。それはムハンマドがユダヤ教の影響を受けていたからで、イスラム教の中でもエルサレムは最初から特別の重要性を持っていたのである。キブラがメッカのカアバ神殿の方角に変わったのは、彼らがメディナに移動した後の六二四年である。なお、アラビア語ではエルサレムは「アル・クッズ（またはアル・クドゥス）」と呼ばれ、「聖地」という意味である。

神殿の丘

エルサレムにあるイスラム教の聖地の代表は、神殿の丘の上である。これまで何度も述べてきたように、神殿の丘はソロモンが神殿を建てた場所で、その後バビロン捕囚からの帰還後に第二神殿が建てられ、ヘロデが大々的に再建したが、七〇年のユダヤ戦争でエルサレムも神殿の丘も陥落し、ヘロデの神殿は破壊された。その後、ユダヤ教の神殿もキリスト教の教会も含

神殿の丘の上

め、大規模な建築の造営工事はおこなわれなかったらしい。七世紀にイスラム教のアラブ人がエルサレムを占領すると、岩のドームやアル・アクサ・モスクが建てられた。それが現在も見られるものである。

一九四八年のイギリス統治終了後は、一九六七年まではヨルダンがエルサレム旧市街全体を統治していた。一九六七年の第三次中東戦争では、イスラエルが旧市街を占領して実効支配した。イスラエル軍がこの丘の上も占領し、一時はイスラエル国旗が掲げられたが、国防大臣だったモシェ・ダヤン将軍はアラブ諸国との対立の激化を懸念して、丘の上を引き続きイスラム教の管理にゆだねた。神殿の丘の上は今もヨルダン宗務省のワクフ庁が管理している（寄進されて公共財となった不動産など、およびその収益で運営されるモスクや学校などの公共施設がワクフで、イスラム教の国にはワクフを管理する省庁がある）。イスラム教徒はこの丘を、ハラム・アル・シャリフ（高貴な聖域）と呼んでいる。現在のところ、イスラム教徒以外も神殿の丘の上に登ることはできるが、丘の上で他宗教の礼拝をすることは禁じられている。また、建物の中に入場することはできない。

現在、神殿の丘には一一の入口がある。イスラム教徒以外がこの上に登れるのは、西の壁にある「ムグラビ門（ムーア人の門）」からだけである。嘆きの壁の少し南側に、丘の上に登る通路がある。その部分にも古い遺構があるので、それを壊さないよう仮設のような木造の通路になっている。丘の上は全体が敷石で舗装されているが、高低差は少しあり、中央が一段高くなっていて、そこに岩のドームがある。丘の南端にはアル・アクサ・モスクなどがあり、丘の北はオリーブなどが植えられている。

ヘロデの建てた神殿が破壊されてからビザンティン時代までに神殿の丘の上がどうなったかについては、前に見た。アラブによる占領後はどのように変わっただろうか。

アル・アクサ・モスク

神殿の丘の上で最初に建てられたと考えられているのは、丘の南の端にある、アル・アクサ・モスクである。アル・アクサ・モスクとは「もっとも遠隔のモスク」という意味で、ムハンマドがメッカからもっとも遠いモスクへ旅をしたというコーランの記述にちなんでいる。岩のドームとは異なり、これは信者が集まって祈るためのモスクである。

「ユダヤ古代誌」の記述などから、丘のこの部分はもともと斜面になっていたところにヘロデ王が土や石を積んで平らなプラットフォーム状にし、王の柱廊と呼ばれる建築物を建てていたと考えられている。そこにモスクが建てられた年代は、情報はいろいろあるが正確にはわかっていない。六世紀のビザンティンの歴史家プロコピオスが記録している、ユスティニアヌス帝が聖母マリアに捧げた巨大なネア（新）教会が神殿の丘の上のこの場所に建っていたはずで、その石材を使ったのではないかとする説もある。一般的には、七世紀はじめに第二代のカリフであるウマル・イブン・ハッターブが小規模なモスクを建て、それが第五代のカリフ、アブドゥルマリクの時代に拡張されて、次のアル・ワリドのとき、八世紀はじめに完成したと考えられている。七一〇年前後にエジプトからエルサレムへ多くの工人と建材を送った記録があり、それがこのモスクの工事のためと考えられているためである。他方、アルクルフは六八〇年頃の神殿の丘について、「かつてすばらしい神殿があったところには、サラセン人（ヨーロッパ人がアラブ人を指した言葉）が長方形の建物を建てて祈りの場所にしており、三〇〇〇人を収容できるらしい」と書いているが、それはおそらくアル・アクサ・モスクのことで、すでに七世紀後半には大きなモスクが建てられていたはずだとする説もある。そうした情報の混乱は解決されていないが、ともかくそのときのモスクの規模は幅約五〇メートル、奥行き約一〇〇メートルという大きさだったことが土台の跡からわかっている。その後、七四九年にアル・アクサ・モスクは地震で損傷を受けたが、再建された。そのとき、モスクの幅は約七〇メートルに広げられた。一〇三三年にもモスクは地震で被害を受け、ファティマ朝のカリフ、アル・ザヒルによって修復されたが、前よりは縮小して、幅約五〇メートル、奥行き約八〇メートルになった。現在の建物はその規模を踏襲している。地震の被害が丘の中央にある岩のドームより大きかったのは、人工地盤の上に建てられているからだろう。現在、アル・アクサ・モスクとその西のイスラム博物館との間に多くの柱頭が屋外に陳列されているが、それはヘロデの建てた柱廊や、古い時代のアル・アクサ・モスクに使われていたものである。

一〇九九年に十字軍がエルサレムを占領した後、モスクは「ソロモンの宮殿」と呼ばれるようになった。エルサレム王国の国王になったボードゥアン一世がここを宮殿として使った時期もあった。一一一八年には、後述するテンプル騎士団の本部になった。その時代に、モスクの内外はさまざまな改変を受けた。広いモスクの一部は、改装されて教会として使われた。一一八七年にはサラディンがエルサレムを占領し、再びモスクとして使用されるようになった。建築の各部分は、その後も何度も修理されている。一番奥の中央にドームがあり、次に述べる金色の岩のドームと対比して「銀のドーム」と呼ばれている。

アル・アクサ・モスク

このモスクは、イスラム教ではメッカのカアバ神殿を擁するマスジド・ハラーム（大モスク）に次いで重要なモスクとされている。金曜日の礼拝には多くの信者が集まって、この中はもちろん、周囲も埋めつくして祈る。このモスクでは、何度も事件が起きている。一九五一年、ヨルダン国王アブドゥラ一世はこのモスクを訪問中、パレスチナ人の過激派から銃で撃たれて死去した。彼はここに埋葬されている。一九六九年には狂信的なキリスト教徒のオーストラリア人がモスクに放火した。右翼的なユダヤ人グループが、モスクの爆破を計画したことも何度もある。

二〇〇〇年には、イスラエルの元将軍で右派政党リクード党の党首だったアリエル・シャロン氏が、何百人もの武装警察隊に守られて神殿の丘に登った。この挑発的なパフォーマンスに怒ったパレスチナ住民は各地で抗議行動を繰り広げ、イスラエル治安当局との間で衝突が起きた。翌年シャロン氏はイスラエル首相になったので、この対立は長引き、第二次インティファーダ、またはアル・アクサ・インティファーダと呼ばれて五年間続いた。その間に、パレスチナ・イスラエル双方で数千人が命を落としたと言われている。

金曜礼拝にアル・アクサ・モスクに来るイスラム教徒は、丘に登るまではイスラエル警察が警備をする旧市街を通る。そこでイスラエル警察が検問を厳重にしてイスラム教信者の往来が困難になるなどのいさかいが元になって、激しい衝突に発展することが現在でもときどきある。また、超正統派のユダヤ教徒も神殿の丘に登ることは可能で、独特の服装でそれとわかるので不測の事態を避けるため警官が同行して登るが、禁じられているユダヤ教の祈りを強行するなどの挑発行為も増えている。

岩のドームも、アラブ人がエルサレムを治めるようになってから早い時期に建てられた。そのときのカリフはウマイヤ朝のアブドゥルマリクで、エルサレムからは二〇〇キロほど北の、シリアのダマスカスを本拠としていた。建設が始まったのは六八五年から六八八年頃で、六九一／二年に完成した。

岩のドーム（右）と鎖のドーム（左）

岩のドームは、基部の平面は正八角形で中央部にドラム（円筒形の部分）が突き出し、その上にドームが載っている。特徴的な形の建物である。八角形の部分の直径が約五四メートル、ドームの高さは三四メートルである。例を見ない巨大建築物というわけではないが、もともと高い丘の上にあり、周囲に大きな建物もないので、全体がよく見えるし、金のドームがよく目立つ。ドームの内部は木造である。ドラムが高くバットレス（控え壁）がないこの構造では、その部分が弱すぎて重い石造のドームだと支えられないのではないかと思われる。内部は、壁の下部は大理石の化粧板でおおわれ、上部は植物文様やムハンマドを賛美する語句などのアラビア文字を表したモザイクで飾られている。床にはカーペットが敷かれている。

この建物は、イスラム教徒が集まって祈るためのモスクとは、違っている。堂内には同心円状に並ぶ二重の柱列があり、その中央の床に大きな岩があって、それを周囲から見ることができるようになっている。岩には定まった名前がないが、「礎石」「聖なる岩」「高貴なる岩」などと呼ばれることがある。大きさは、長さが一八メートル、幅が一三メートルの不規則な形で、床面からは少し突き出している。岩のドームは、この岩を記念するための建築である。

岩は、ふたつの物語と結びつけられている。ひとつはアブラハムが息子を神に捧げようとする「イサクの犠牲」である。アブラハムと妻サラは年を取っていたが、神の恩寵によってひとり息子イサクが生まれた。神はアブラハムの信仰を試すため、成長したイサクを焼き尽くす捧げ物として神に捧げるようにと言った。アブラハムは薪を持ち、イサクを連れて命じられた山へ行った。イサクは捧げ物にする子羊はどこにいるのかと聞いたが、アブラハムはきっと神が備えてくれるだろうと答えた。アブラハムは祭壇を築き、薪を並べて、イサクを縛って薪の上に置いた。そして刃物を取ってイサクを殺そうとしたとき、天使がアブラハムに呼びかけ、お前が神を畏《おそ》れる者であることがわかったからもう殺さなくてもよいと言った。後ろの茂みに羊がいたので、アブラハムはその羊を神に捧げた。この山の場所は、「創世記」（二二：二）には「モリヤの地」の神の命じた山と書かれている。また「歴代誌下」（三：一）には、モリヤ山はソロモンが神殿を建てたところと書かれているので、それを結びつければ「イサクの犠牲」の場所は神殿の丘の上と解釈できる。

この岩にかかわるもうひとつの物語は、ムハンマドの夜の旅である。「コーラン」には、アッラーがムハンマドを連れて夜空を行き、聖なる礼拝堂から遠隔の礼拝堂まで旅をしたと書かれている（一七：一）。これが夜の旅である。「コーラン」ではこれ以上具体的なことは述べられていないが、イスラム教ではムハンマドの言葉や行動を伝える「ハディース」（伝承という意味）がまとめられ、コーランに次ぐ第二の聖典とされた。その中では夜の旅の物語がふくらんだ。ムハンマドがメッカの大モスクにいたとき、天使ガブリエルが現れ、ブラークを連れてきた。ブラークは預言者の乗り物で、人間の顔と翼を持つ馬のような生き物とされている。ムハンマドはそれに乗り、もっとも遠い礼拝所に行って神に祈った。それから彼はガブリエルとともに天に昇った。天国は七層あって、ムハンマドはそこで過去の預言者たちに会った。彼が会ったのは、アダム、洗礼者ヨハネとイエス、旧約のヨセフ、イドリス（イスラム教の預言者で旧約聖書のエノクであるとされる）、アロン、モーセ、そしてアブラハムである。その後ムハンマドは、天使は通ることを許されていない聖なる木のところまでひとりで行って、アッラーの神と単独会見をした。神はムハンマドに、人々は一日に五〇回祈らなければならないと言った。ムハンマドがモーセのところへ戻って行くとモーセは、一日五〇回は人々にとって多すぎるから減らしてくれるよう神に交渉してみろと言った。ムハンマドが神に頼むと祈りの回数は少し減ったが、モーセはまだ多すぎると言った。ムハンマドはモーセにだめ出しをされては交渉に行き、九回も往復して神に対し恥ずかしい思いになったが、結局一日に五回の祈りに減らしてもらった。こうしてイスラム教徒は一日に五回神に祈るようになった。このときムハンマドが天に旅立ったのが、この岩の上からとされている。

この岩は、いつからそういう信仰の対象となっていたのだろうか。イサクの犠牲と結びつけられるが、旧約聖書には特に岩を取り上げての言及はない。またソロモン神殿の至聖所の土台だとも言われてきた。しかしヨセフスの「ユダヤ古代誌」はヘロデによって再建された神殿のことをくわしく伝えているが、そこにも特定の岩については何も書かれていない。三三三年のボルドーの巡礼によれば、神殿の丘の上には「穴のあいた石」があって、ユダヤ人は一年に一回、それに塗油することが許されていた。これがその岩についての最初期の記述であるとも考えられているが、もしそのときにイサクの犠牲と結びついていたのなら、巡礼はそれを記録していたように思われる。「ブレヴィアリウス」には、「ソロモンの神殿があったところには何もなく、洞穴があるだけである」とあっさりと書かれている。つまり、岩があったには違いないが、イスラム教以前にこの岩が具体的な物語と結びつけて特別視されていたとは考えにくい。あるいはユダヤ教徒にとっては意味を持っていたが、キリスト教徒はそれを理解していなかったということかもしれない。

その後、岩はイサクの犠牲やムハンマドの夜の旅という逸話と結びつけられて、イスラム教の聖跡にシフトしていったのだが、その過程はすべてが解明されたわけではない。岩のドームが作られていた時期には、アブドゥルマリクに対抗する人がカリフを名乗ってメッカを支配し

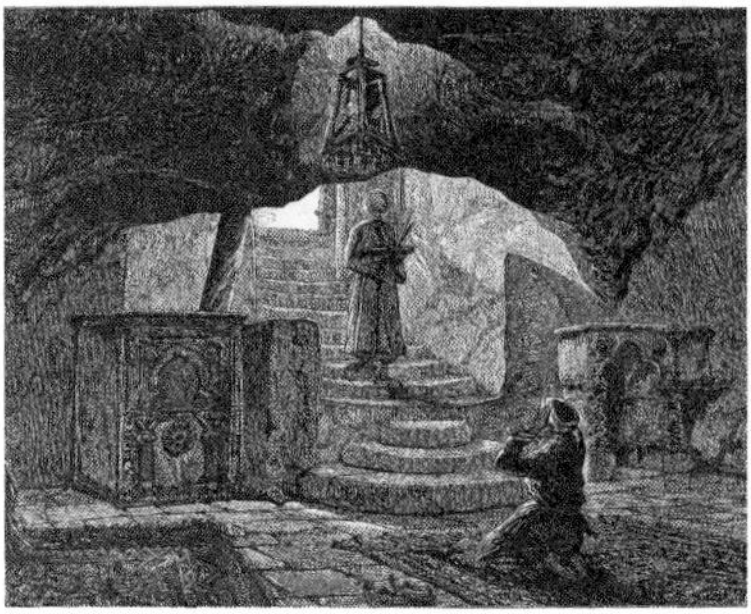

19世紀の版画集に描かれた魂の井戸。Charles Wilson ed., *Picturesque Palestine, Sinai, and Egypt*, vol.1（New York, 1881）より

ていた。そのためアブドゥルマリクはメッカに行くことができず、代わりにエルサレムを重要な聖地と位置づける必要があったとも考えられている。そうした事情も含め、同じアブラハムを祖先に持つ宗教であるユダヤ教やキリスト教に対してもイスラム教が優越的な地位にあることを強調するために、この岩にまつわる設定が作られた、という説が有力である。イスラム教の伝承の中では、アブラハムが犠牲に捧げようとしたのはイサクではなくハガルとの子イシュマイルであったという話や、またこの岩を発見したのはここへ来た第二代カリフのウマルであるというような言い伝えも生まれた。

この大きな岩の中には洞窟があり、階段で降りていくことができる。おそらく自然にできていた穴だったものが、その後掘り広げられ、形も整えられたのであろう。洞窟は一辺が六メートルほど、天井の高さが二メートル足らずの部屋のようになっている。この中にもカーペットが敷きつめられている。この空間は「魂の井戸」と呼ばれ、イスラム教の伝承では最後の審判を待つ魂がここにいるという伝説が生まれた。

岩のドームは、八〇八年、八四六年、一〇一五年に地震で破損し、そのたびに修復され、内部の壁面を飾るモ

岩のドームのタイル装飾

ザイクも作り直された。しかし大きく建て直されたことはない。十字軍は一〇九九年にエルサレムを占領し、この岩のドームも奪取したが破壊はせず、「主の神殿」と呼んでキリスト教の教会に変え、ドームには十字架を立てた。ここは巡礼地となったが、中心の岩の断片を持ち去る行為が横行したので、岩も魂の井戸の内部も、大理石の敷石でおおわれた。

一一八七年にサラディンがエルサレムを占領してから、岩のドームは再びイスラム教の聖地に戻された。岩をおおう敷石ははがされた。オスマン時代の一五四五年から翌年に、スルタンのスレイマン一世は外壁のモザイクを焼き物のタイルに取り替えさせた。以後、内壁のモザイクも外壁のタイルも、何度か修復、交換されている。一九五九年から六二年におこなわれた修復工事では、ドームが金箔を貼ったアルミニウム素材に変えられた。一九九三年にはヨルダンのフセイン国王から莫大な金額の黄金が寄進され、ドームが改装された。

鎖のドーム

岩のドームの横には、小規模なドーム建築がある。建物の下部は、柱が並んでいるが壁はない。メッカの方角にだけ、ミフラーブが設けられている。上部は岩のドームと同じようにタイルで装飾されている。スペイン出身のイスラム学者で八二二／三年にメッカに巡礼したイブン・ハビーブによれば、鎖のドームは岩のドームと同じく、カリフのアブドゥルマリクによって建てられた。最初は宝物庫であったとも言われるが、はっきりしない。その後改修されているが、柱や柱頭はイスラム時代より前、五～六世紀のビザンティン建築のものを再利用していると思われる。

鎖のドーム

十字軍時代には、ここが使徒の小ヤコブが神殿の上から投げ落とされて殉教した場所だと考えられて、ヤコブの礼拝堂になった。また、イエスが姦通（不倫）を犯した女を裁いた場所ともされた。イエスが神殿にいると、ファリサイ派の人々が姦通を犯した女を連れてきて、律法では女を石で打ち殺すことになっているがどうするかと聞いた。イエスが律法を破ってでも女を許せと言うか、それとも無慈悲に女を殺せと言うかを試そうとしたのである。ところがイエスは「あなたたちの中で罪を犯したことのない者がまずこの女に石を投げなさい」と言ったので、誰も石を投げることができず皆立ち去ってしまった（ヨハネ八：一～一一）。このエピソードはよく知られ、美術の主題に

ニコラ・プッサン「キリストと姦淫の女」（部分）（1653年、ルーヴル美術館）

もなっているので、神殿の丘の上のどこかに、この場所を求めようとしたのであろう。

イスラムの建物に戻ってからは、スレイマン一世時代に岩のドームと同じくタイルで装飾されて、現在のような姿になっている。これを鎖のドームと呼ぶようになったのは、イスラムの伝承にもとづいている。ここは裁きの場で、ソロモンが天と地の間につるした鎖があった。一五～一六世紀にエルサレムに住んだ歴史学者ムジルアル・ディンはその言い伝えについて書き残している。訴訟があった場合、正しい人だけが手を伸ばしてその鎖をつかむことができ、嘘《うそ》をついている人がつかもうとしても鎖が動いて手が届かなかった。あるとき、一〇〇ディナールを借りて返さなかった人と、貸した人が法廷に来た。借りた人は金貨を鋳溶かして、自分の杖の中に注ぎ込んで隠していた。彼は杖を貸主に持っていてもらって、自分は金を返したと言って鎖をつかんだ。次に貸主は杖をその人に戻して、金は返してもらっていないと言って鎖をつかんだ。それを見ていた人々は驚いた。言い分が矛盾するのにもかかわらず、ふたりとも鎖をつかむことができたからである。そのとき鎖は人間の悪意に嫌気がさして、天に戻ってしまったという。

このように裁きと関連づけられるのは、ソロモン神殿があった場所に建てられているからであり、ソロモンと言えば有名なソロモンの裁きが連想されるからである。ソロモンのところに女がふたり来た。どちらも同時期に出産したが、ひとりの赤ん坊はすぐ死んでしまい、ひとりは生きていた。ふたりの女はどちらも、生きている赤ん坊が自分の子だと主張した。訴えを聞いたソロモンは剣を持ってこさせて、生きている赤ん坊をふたつに切ってふたりに分け与えよと言った。ひとりの女はそうしてくれと言い、もうひとりは赤ん坊を殺さずにそのままその女にあげてくれと言った。ソロモンは、赤ん坊を殺さないでくれと言った方が本当の母親だと言った（列王記上三：一六～二八）。これはソロモンの優れた知恵を語る話としてよく知られている。

ソロモンの厩舎

神殿の丘の南東の角、アル・アクサ・モスクの東側には、ソロモンの厩舎と呼ばれる広大な地下空間がある。地下と書いたが、神殿の丘の上が平らな地面のようなので地下のように感じられるだけで、実際は地上に作られた構築物である。ヘロデは神殿の丘をプラットフォーム状にするときに、この部分には土を盛って造成するのではなく、柱を立てて屋根をかけることによって上を平らにしたのである。内部では数十本の石の角柱が天井を支えている。天井の高さ

ソロモンの厩舎。写真中央のアーチが入口

は一〇メートル以上になり、巨大な空間である。

ヘロデがこれを作った当時、この空間は神殿で使う道具類の保管庫だったようだが、その後は放置されていた。十字軍の時代、この空間は厩舎として使われた。「ソロモンの厩舎」と呼ばれるようになったのはその頃からである。十字軍勢力がエルサレムから撤退した後は、またここは使われず放置された。

一九九六年に、神殿の丘の上を管理するイスラム教側はこの空間をモスクに変えることにし、中にたまっていた土砂や瓦礫《がれき》を運び出した。イスラエル側の考古学者はこれが神殿の丘の擁壁を弱めると抗議したが、工事は強行された。内部の壁や天井は石がむき出しであるが、床にはエジプトから贈られたカーペットが敷き詰められ、六〇〇〇人を収容するアル・マルワニ・モスクが誕生した。一九九九年には、モスクの出入り口を作るための新たな工事もおこなわれた。

これらの工事ではブルドーザーなど大型の機械が使われ、トラックが大量の土砂を撤去してキドロンの谷に捨てた。イスラエル側はこれを、適切な考古学調査の手順を踏まない暴挙であると非難した。二〇〇四年から、クラウドファンディングで資金を集めて「神殿の丘ふるい分けプロジェクト」がおこなわれ、ボランティアの学生や観光客らが運び出された土砂をふるいにかけて精査し、そこに混じったまま捨てられた小さな考古遺物を回収した。この調査により、石器時代から現代までのあらゆる時代にわたる建築物や装飾の断片、陶器片、モザイクのテッセラ（石やガラスの小片）、コインなどが多数発見されたと言われる。ここでもまた神殿の丘が、イスラエル側とイスラム教側の対立軸となってしまっている。

ウマル・モスク

ウマル・モスクは神殿の丘ではなく、聖墳墓教会のすぐ南隣にある。西から聖墳墓教会に近づくと、このモスクの門の前を通る。また聖墳墓教会の前庭に立ち、振り返ると塀の向こうにウマル・モスクが見える。ただし、モスクへの入場はイスラム教徒の礼拝のためだけに限られ、一般公開はされていない。

アル・アクサ・モスクのところでも触れた第二代カリフのウマルという人は、ムハンマドと同じクライシュ族で、二〇歳ほど年下だった。体格がよくて力が強く武術や馬術に優れた勇者で、また商人としてローマやペルシアに行った経験もあると言われる。八世紀の歴史家イブン・イスハークはムハンマドの伝記「預言者の生涯」の中で、ウマルが黎明《れいめい》期のイスラム教に入信したいきさつを書いている。クライシュ族はその頃ムハンマドを敵視しており、ウマルはムハンマドを一族の恥だと思って、剣を持って殺しに行こうとした。ところが自分の妹が夫ともどもムハンマドの信奉者になっていると聞いて家に行ってみると、ふたりがコーランを唱えていた。ウマルはかっとしてふたりとけんかになったが、夫と自分との間に割って入った妹を殴ると床に倒れて血が出た。彼はそれを見て我に返り、悪いことをしてしまったと思った。ウマルは、ふたりが唱えていたその文書を見せてみろと言った。すると妹は、兄さんは邪教を信じてけがれているから身を清めなければ文書には触れさせませんと言い返した。結局ウマルは妹に命じられるままに身体を洗って清め、コーランを読んだ。するとそこに書かれていることに魅せられてしまい、妹夫婦にムハンマドのところへ案内してもらって、自分も信者になったという。武勇で知られたウマルの参加はイスラム共同体にとって大きな力となり、メディナへのヒジュラの後、ウマルは彼らが直面したすべての戦いに参加した。ムハンマドの没後ウマルは初代カリフにはアブー・バクルを推したが、彼は在位二年で亡くなる直前に、第二代カリフにウマルを指名した。ウマルの時代に、イスラムの軍勢はペルシアの首都クテシフォンを陥落させてペルシアをほぼ滅亡に追い込み、シリアやエジプトを勢力下におさめた。

さて、このウマル・モスクの成立については、次のようなイスラム側の伝承がある。六三六年一一月にイスラム教のアラブ軍はビザンティン統治下のエルサレムを包囲した。指揮官はアブ・ウバイダという軍人で、ムハンマドの信任も厚い人であった。対するエルサレム住民の代表は、総主教ソフロニオスだった。これは、聖ステファヌス教会のところで紹介した人物である。四か月の包囲の末、ソフロニオスは二代目カリフのウマルに対してのみ降伏すると申し出た。アラブ側は最初、ウマルによく似た人を代役に立てたが、アラブ人キリスト教徒に顔を知っている人がいたのか、替え玉と見破られてうまくいかなかった。そこで同年あるいは翌年、ウマル本人がメディナから（またはダマスカスから）エルサレムに到着し、エルサレムは無血開城した。キリスト教徒はジズヤという税金を支払うことを条件に、イスラム教支配下でもキリスト教の信仰を保つことができた。このときふたりの間で取り交わした約束はウマル憲章と呼ばれ、イスラム教国での異教徒のあつかいを取り決めた前例となったと言われている。

ソフロニオスはウマルを連れ、エルサレムを案内して回った。一行は神殿の丘に登った。そこは瓦礫が散乱しごみ捨て場になっていて、ひどいありさまだった。ウマルがそのごみを拾ってキドロンの谷に捨てると、彼に従っていた多くのイスラム教徒たちはそれにならってごみを片付け、そこに木造のモスクが建てられた。それが最初のアル・アクサ・モスクである（それが岩のドームの場所だったという伝承もある）。神殿の丘の前に、彼らが聖墳墓教会に来ていたとき、イスラム教の祈りの時間になった。ソフロニオスはウマルに、そこで祈るよう勧めた。しかしウマルは、自分が教会内で祈るとイスラム教徒たちがそれにならってここで祈るようになり、聖墳墓教会はモスクに変えられてしまうだろうと言って、教会の外に出て祈った。トップ会談はこのように紳士的におこなわれ、聖墳墓教会はキリスト教の教会のまま残り、ウマルが外で祈ったところにはウマル・モスクが建てられたという。

ただし、七世紀の聖墳墓教会は現在とは違って、カルドに面して東側に入口があった。伝説

聖墳墓教会の前庭から見たウマル・モスク（ミナレットとその後方の建物）

が正しいなら、ウマル・モスクは聖墳墓教会の東側に建てられたはずだ。聖墳墓教会の東の入口だったところが発掘された結果、一八九七年に発見された、アラビア語の古い書体であるクーフィー体が刻まれた石碑が、そのモスクのものと推定されている。ビザンティン帝国と十字軍による再建の時代に、聖墳墓教会の入口は今のように南側になった。その後、一一九三年にサラディンの息子のアル・アフダルによって、南入口の外に、伝承に合致するようにウマル・モスクが建て直された。それが現在のものである。ムジルアル・ディンによれば、ミナレットはそれより遅く、一四六五年までに建てられたとされる。

第六章　エルサレムの諸相——聖地巡礼の現在形

本書では主に、聖書などの説話の現場となる場所を取り上げ、できるだけ物語の進展に沿って説明するよう試みた。だがエルサレムには、物語や伝説と直接の関係はなくても、興味深い歴史的な場所が多数存在する。この最後の章では、そうした史跡をいくつか取り上げて紹介したい。

ムリスタン

ムリスタンは、聖墳墓教会の南側にあるキリスト教地区である。この場所も古い歴史がある。ローマ帝国のハドリアヌス帝がエルサレムを再建した時代、聖墳墓教会の場所にはヴィーナスの神殿が作られたが、隣接するムリスタンの場所は公共の広場になった。やがて聖墳墓教会が建てられてキリスト教の巡礼が活発化すると、聖墳墓教会に近いこの場所に、ホスピス（巡礼の世話や治療にあたる宿泊施設兼病院）が作られるようになった。六〇三年にはローマ教皇グレゴリウス一世が病院を建てさせた。九世紀はじめには、フランク王国のカール大帝も教会とホスピスを建てさせた。イスラム統治下でもキリスト教の巡礼は認められたので、この地域の巡礼施設も存続したが、一〇〇九年に聖墳墓教会などと同様、アル・ハキムによって破壊された。それでもその後、西欧人はここに教会やホスピスを建てて巡礼の拠点としていった。

十字軍が来て西欧人によるエルサレム王国が樹立された時代には、もちろんここのホスピスには多大の資金と人力が投入された。サラディンがエルサレムを占領した後も、活動は続いた。ムリスタンという地名は、病院という意味のペルシア語「ビマリスタン」が元になっているらしい。ムリスタンは、教会と大規模なホスピスが密集した区画になった。

中世のホスピスでは、修道士が中心になって病気や負傷をした巡礼の治療や世話にあたった。一一六〇年頃にドイツのヴュルツブルクから聖地を訪問したヨハネスは、聖ヨハネの病院には男女あわせて二〇〇〇人の病人がいたと書いている。十字軍時代には戦士が修道士でもある、宗教騎士団（騎士修道会とも呼ばれる）が生まれた。最初に設立されたのは、ムリスタンの聖ヨハネ教会を中心とした聖ヨハネ騎士団（またはホスピタル騎士団）で、一一一三年にローマ教皇パスカリス二世から修道会として承認を受けた。一一一九年にはテンプル騎士団が設立されて、前述の神殿の丘のアル・アクサ・モスクを本拠地とした。一一九八年には、ドイツ人を主体としたドイツ騎士団（チュートン騎士団）も発足した。騎士団の構成員は、非婚や清貧、犠牲的精神などの戒律を守る誓いを立てた。

騎士団とは、巡礼の保護を目的とした騎士たちを中心とした組織であるが、現代で言えば病院やホテル経営はもとより、人の移動や物資の輸送など多方面の業務を担う多国籍企業のようなものに成長していった。巡礼が自国で金を預けて旅先で引き出すことができる、銀行のようなシステムも作った。もちろんイスラム勢力との戦闘でも中心的な戦力になった。騎士団はローマ教皇から保護されて特権を受けていた。エルサレムを失ってからも、高い戦闘能力にものをいわせて地中海各地に領地を獲得し、莫大な資産を築いた。

各騎士団の行く末は興味深い。テンプル騎士団は一四世紀はじめ、フランス国王フィリップ四世にその資産を狙《ねら》われ、幹部が異端審問にかけられて処刑されるなどの弾圧を受け、解体に追いやられた。ドイツ騎士団はバルト海沿岸に領地を持ち、一六世紀に騎士団長がプロイセン公に即位して、プロイセン公国となった。ヨハネ騎士団は一四世紀にエーゲ海のロドス島に拠点を移してロドス騎士団と呼ばれるようになり、さらに一六世紀にはオスマン帝国に押されてマルタ島に移りマルタ騎士団と名を変えたが、現在も医療や福祉の分野で活動を続けている。領土こそ持たないものの独立国家に準じる地位を認められ、国連やEUにもオブザーバーとして参加している。

話をムリスタンに戻すと、一六世紀頃からこの地区はさびれていき、かつての教会やホスピスが廃墟となったまま並ぶ状態になっていたらしい。一八六八年にオスマン帝国のスルタンから、その西半分がギリシア正教会に譲り渡された。二〇世紀のはじめまでに、通りが敷設され

ムリスタンの中央にある噴水。その向こうに右半分が見えるドームは、聖ヨハネ教会

聖ヨハネ教会

中央に噴水が作られて、にぎやかなバザールに生まれ変わった。現在も繁栄が続き、ショップやレストランが軒を連ねている。ずっと昔からあるバザールのように見えるが、実は近代に新しいショッピングモールとして作られたものである。

この地区にある建築物のうち、聖ヨハネ教会はもっとも古い歴史を持つ。最初はエウドキアによって五世紀に創建されたとも言われるが確証はなく、六世紀にビザンティン皇帝のアナスタシウスかユスティニアヌスが建てたという伝承もあって、学術的な議論も決着をみていない。洗礼者ヨハネの頭蓋骨がここに保管されていたとも言われているが、ヨハネの頭蓋骨を持っているとされる教会や修道院はキリスト教世界にたくさんありすぎて、真偽はまったく定かではない。アラブの侵攻により損害を受けたが、一〇九六年の十字軍の占領よりも早い一〇二三年頃に、イタリアの港湾都市サレルノとアマルフィの商人たちがカリフから許可を得て、この場所に教会とホスピスを建てた。それが現在も見られる教会の建築である。この建築の下には広い地下空間があるが、その部分は五世紀頃の、最初の聖ヨハネ教会の建築であると考えられている。中世にはカトリックの施設で、前述のヨハネ騎士団がここを拠点として始まった。一五世紀末にギリシア正教会の所有となり、一六世紀には一時期モスクになった時代もあったが、一七世紀からはまたギリシア正教の教会として活動している。ムリスタンの噴水の近くに教会の東側の外壁やドームが見えるが、そこは裏側で出入り口はない。西側の商店が並ぶ道の方に回ると、店と店の間に人ひとりが背をかがめてくぐれるだけの小さな扉があり、そこを入ると外のにぎやかさからは想像もできない静かな敷地が広がって、教会の正面入口がある。

贖い主の教会

ムリスタンの区画の北東の隅に贖《あがな》い主の教会がある。「贖う」とは、イエスが十字架上で自分を犠牲にしたことによって、われわれの罪がつぐなわれて正しい方向に導かれるようになったという考え方で、贖い主 Redeemer とはイエス・キリストのことである。

一八六九年にスエズ運河が開通した。開通式典には各国首脳が出席し、華やかな外交の舞台となった。ヴェルディの「アイーダ」は古代エジプトを舞台にしたオペラで、そこで初演するために依頼されたが作曲が間に合わなかったとも言われる。それはともかく、そのときオスマン帝国のスルタンは、プロイセン皇太子フリードリヒ・ヴィルヘルム（後のドイツ皇帝フリードリヒ三世）に、ムリスタンの東半分を譲り渡した。西半分をギリシア正教に譲ったのと、バランスを取ろうとしたのであろう。

その北端には廃墟となった教会が残っており、その形と規模をほぼ踏襲して、贖い主の教会が建てられた。中世にはムリスタンに三つの聖母マリア教会があり、マリア大教会、マリア小教会、ラテン人のマリア教会と呼び名をつけて区別されていた。この場所にあったのが、三つのうちどれにあたるのかは諸説あって明らかではない。工事に際して地下から古い時代の石組みが発見され、それが第二神殿時代に町の北側を囲んでいた城壁だと考えられて話題になったこともあった。前述のようにイエスを十字架にかけたときの処刑場は城壁外にあったはずだという議論があり、この場所に城壁があったとすればその北にある聖墳墓教会は城壁外だったということになって、聖墳墓の正真性の裏付けになるからである。しかしその石組みは、城壁ではないと現在では考えられている。どこに城壁があったのか、またそもそもこの付近に城壁があったのかどうかは、現在までわかっていない。

右のアーチはムリスタンの入口。奥の教会は贖い主の教会

贖い主の教会が完成して献堂式がおこなわれたのは一八九八年で、ドイツ皇帝ヴィルヘルム二世と皇后ヴィクトリア（英国のヴィクトリア女王の娘）が列席した。ヴィルヘルム二世が前述の聖母の眠り教会の土地を購入したのも、同じときである。贖い主の教会もロマネスク建築を模した古い様式の建築で、規模は大きいが内部には装飾はなく簡素でがらんとしている。プロテスタントのルター派が管理しており、ドイツ語の他に英語やアラビア語の礼拝も開かれている。教会の南には庭園があり、そこは聖ヨハネ騎士団の本部だった場所とされていて、記念碑がある。

アレクサンドル・ネフスキー教会

贖い主の教会の北にはヴィア・ドロローサから聖墳墓教会につながる狭い道が通っているが、その道の北側にアレクサンドル・ネフスキー教会がある。外側は瀟洒《しょうしゃ》な邸宅のような作りで、ドアも小さく、その奥に広い建物があるようには見えない。アレクサンドル・ネフスキーとは一三世紀のウラジーミル大公国の大公で、スウェーデンとの戦いで勝利し、ロシア正教では聖人となっている人である。ロシア正教では、この聖人に捧げられた教会は数多い。

この場所は、四世紀に建てられた聖墳墓教会の南東の端にあたる。聖墳墓教会がアル・ハキムによって破壊され再建されたとき、東半分が放棄されて規模が縮小されたことは前に述べた。そのときに再建されなかった部分である。コプト教会が所有していた土地を、一八五六年にロ

アレクサンドル・ネフスキー教会

シア系の帝国正教会パレスチナ協会が購入した。はじめはここに領事館とホスピスが建てられる予定だったが、発掘調査をおこなったところ古い遺構が埋まっているのが発見されたため、ロシア大公セルゲイ・アレクサンドロヴィチが費用を出して発掘し、遺構をすべて保存する形で教会が建てられた。その結果、領事館などの施設は計画を変更して旧市街の城壁外に作られた。聖墳墓教会の敷地内に建物を建てるとオスマン帝国下で定められたスタトゥス・クオ（現状変更を禁止する決まり）に違反する恐れがあるため、調査や建設は秘密裏におこなわれ、通りに面した入口も大きな教会とは見えないように普通の邸宅風にしたとも言われている。

建物に入っていくと、現在の地面より三メートルほど低くなったところに、石の壁とアーチの門がある。柱頭の形から見て、二世紀にハドリアヌスがエルサレムを再建したときに作られたものが、一一世紀のビザンティン皇帝コンスタンティノス・モノマコスの時代に補修されたと考えられている。また、四世紀の聖墳墓教会の基部と思われる、どっしりした石を積み上げた遺構もあり、入口のひとつに通じていたとされる石段が復元されている。イエスが刑場に引かれていくときに罪状を読み上げた門の敷石というものもあるが、それは厳密な考古学の研究を少し離れて、ヴィア・ドロローサにまつわる伝説や、聖墳墓教会が城壁外にあったことを立証するという当時流行の考え方とすりあわせようとしたものと考えられる。この教会を建てるときに、ゴルゴタの丘の岩の断片を購入して置いてあり、その上に十字架にかけられたキリスト像が立てられている。ロシア式の教会の空間もあり、聖域がイコノスタシスでおおわれ、多くのイコンが掲げられている。そこにある石の祭壇は、かつて聖墳墓教会内の礼拝堂で使われていたものとされている。

一九一四年には第一次大戦が勃発した。ロシアはイギリスやフランスとともに連合国となり、オスマン帝国など同盟国と対戦したの

アレクサンドル・ネフスキー教会。左奥の壁は聖墳墓教会の遺構。階段は聖墳墓教会の入口への階段を復元したもの。その右、磔刑像の下にゴルゴタの丘の石がある

アレクサンドル・ネフスキー教会。左手前の祭壇が、最初の聖墳墓教会で使われていたものとされる

で、この教会は略奪を受けた。次いで一九一七年にはロシア革命が起きて、ロシアはソビエト連邦となった。社会主義体制のもとでキリスト教は圧迫を受け、ロシア正教会内部でも混乱や組織の分裂が起きた。その間、教会は国外に亡命したロシア人によって維持されていた。そういうさまざまな困難があったものの、一九九〇年代にソ連が崩壊してからこの教会も再興され、改修工事を経て二〇〇六年に再び一般公開されるようになっている。

オーストリア・ホスピス

オーストリアは一八四九年にエルサレムに副領事館を開設した。この時代のオーストリアは、ハプスブルク家が支配し中欧から東欧にわたる広い領土を持つ大帝国であり、首都ウィーンは経済的にも文化的にも大いに栄えた。この年は人気作曲家ヨハン・シュトラウス（父）の没年にあたる。オーストリアからエルサレムを訪れる巡礼も増えて、ホスピスの建設が必要とされ、一八五四年に用地が購入された。ヴィア・ドロローサと東のカルドが出会う角に面し、ダマスカス門からも近い好立地である。そこにホスピスの大きな建物が建てられ、一八六三年にオープンした。一八六九年のスエズ運河開通式典に参加したオーストリア皇帝フランツ・ヨーゼフ一世は、エルサレムにも寄ってここに宿泊した。多くの巡礼が訪れるようになり、宿泊棟も礼拝堂も拡張された。

オスマン帝国は拡大期に東欧に攻め入って一六世紀と一七世紀にウィーンを包囲したことも

あったが、一九世紀には逆に、オスマン帝国が支配していたバルカン半島にオーストリアが進出した。この地方では異なる民族と宗教が激しく対立し、「バルカンはヨーロッパの火薬庫」と呼ばれた。大国同士の争いと同時に、大国の王権と支配されている諸民族との争いが絶え間なく続いた。ヨハン・シュトラウスの「ラデッキー行進曲」は、当時オーストリアが支配していた北イタリアへ行って民族運動を鎮圧したヨーゼフ・ラデッキー将軍をたたえた曲である。

一九一四年に、サラエヴォ（現ボスニア・ヘルツェゴヴィナ）を訪問していたオーストリア皇太子夫妻が民族主義者に暗殺され、この事件が引き金となって、第一次世界大戦が始まった。オーストリアはオスマン帝国と同盟を組んでイギリスやアメリカなど連合国と戦ったが、オスマン帝国は敗れて、エルサレムは一九一七年にイギリスが占領した。オーストリア・ホスピスはイギリスに接収され、一時期英国国教会の孤児院になった。その後オーストリアに返還されたが、英国委任統治時代のエルサレムは政情不安に陥り、巡礼は困難になった。その一方、本国のオーストリアも苦難の時代であった。一八四八年以来、六八年間皇帝の座にあって「国父」と呼ばれたフランツ・ヨーゼフ一世が第一次大戦中の一九一六年に没し、一九一八年にオーストリアは戦争に負け、ハプスブルク家の最後の皇帝カール一世は退位してスイスに、後に大西洋の島に亡命した。ちなみに第一次大戦にともなって、ロシア帝国では一九一七年に社会主義革命が起きてソビエト連邦になり、オスマン帝国も崩壊して一九二三年にトルコ共和国となった。ドイツでもプロイセンを中心としたドイツ帝国が倒れた。オーストリアは共和制とな

オーストリア・ホスピス。右奥へ行く道がヴィア・ドロローサ、左奥へ行く道がダマスカス門に続く東のカルド

った後も政情は不安定で、一九三八年にナチス・ドイツに併合されて、そのまま第二次大戦となった。ホスピスは再びイギリスに接収されて、イギリスにとって敵国であるドイツ人やイタリア人の聖職者の収容所となったり、警察署として使われたりした。

オーストリアは二度の大戦で敗戦国となり、英米仏露に分割統治された後、一九五五年に現在の小さな永世中立国としてようやく独立を回復した。エルサレムでは、イギリスの委任統治が終わった一九四八年から第一次中東戦争が起こり、オーストリア・ホスピスは赤十字とヨルダン政府が管理する病院となった。一九五一年にアル・アクサ・モスクでヨルダン国王アブドゥラ一世が銃撃されたとき、搬送され息を引き取ったのはこの病院であった。一九六七年の第三次中東戦争後はイスラエル軍がエルサレム旧市街を占領して、ホスピスは今度はイスラエルの病院になった。その病院も一九八五年に閉鎖された。改修工事がおこなわれ、一九八八年にホスピスは再び宿泊施設として再オープンし、現在「オーストリア巡礼ホスピス」として営業している。ヨーロッパの近現代史をなぞるような国際情勢の荒波に翻弄されたが、西アジアの町並みとヨーロッパの近代建築が融合した独特の雰囲気が魅力的で、今では宿泊の予約が取りにくい人気の施設となっている。

アルメニア人地区と聖ヤコブ大聖堂

エルサレム旧市街の南西端はアルメニア人地区になっており、その中心に聖ヤコブ大聖堂がある。まず、なぜエルサレムにアルメニア人が住んでいて、前に述べたように聖墳墓教会の中にも自分たちの場所を持つほどの立場を確立しているのか、振り返っておきたい。

アルメニアは、黒海とカスピ海の間にある地方である。ノアの方舟の物語に出てくるアララト山の北側になる。先史時代は省略し、古代にはここにアルメニア王国が生まれたが、東のペルシアと西のローマ帝国にはさまれたむずかしい位置にあり、どちらにも従属する関係にあった。伝説によれば、使徒バルトロマイとタダイがアルメニアにキリスト教を布教した。三〇一年にアルメニア王国はキリスト教を国教としたが、これは世界で初めてのことであった。エルサレムにアルメニア人が住むようになったのは、エルサレムがキリスト教の巡礼地になりはじめた頃、四世紀と言われている。古くから多くのアルメニア人が、傭兵や、東西を結ぶ商人として、アルメニア地方の外に進出して活躍していた。エルサレムのアルメニア地区は、故郷を離れて住むアルメニア人コミュニティとしては、もっとも歴史が古いと考えられる。

ビザンティン帝国で活躍したアルメニア人も多く、エルサレムからペルシアに奪われた真の十字架を奪還したヘラクレイオス帝もアルメニア人の家系である。またキリキア地方（現トルコの地中海岸）にはアルメニア人が定住し、ビザンティン帝国側に加わってアラブ人と戦ったり、十字軍に協力したりした。その時期、十字軍に協力したアルメニア人がエルサレムに多数移り住んで、コミュニティは強化された。前述のようにエルサレム王国の国王ボードゥアン二世は、キリキアのメリテネ（現トルコのマラティア）に住むアルメニア人の王族の娘モルフィアと結婚している。オスマン帝国時代には、エルサレムのアルメニア人の人口は激減したが、絶えることはなかった。その後も支配者はイギリス、ヨルダン、イスラエルと変わったが、アルメニア人コミュニティは生き続けている。現在アルメニア地方にはソ連崩壊後独立したアルメニア共和国があるが、国外に住むアルメニア人の方が多い。彼らはアルメニア使徒教会に所属している。使徒教会という名は、ふたりの使徒がアルメニアにキリスト教を伝えたことにちなんでいる。

エルサレムのアルメニア人コミュニティの中心になっているのが聖ヤコブ大聖堂である。聖ヤコブという聖人は新約聖書にふたり登場する。ひとりはゼベダイの子ヤコブで、兄弟のヨハネとともにガリラヤで漁師をしていたときにイエスの弟子になった。イエスの昇天後もエルサレムで布教活動をしていたが、ヘロデ・アグリッパ一世に捕らえられ斬首により処刑された（使徒言行録一二：二）。この聖人は大ヤコブと呼ばれる。もうひとり、十二使徒のひとりとして名前があがるアルファイの子ヤコブという人もおり、小ヤコブと呼ばれる。この人についてはその他のことはわかっていないが、前に触れたようにエルサレム神殿から突き落とされて殉教した、あるいはそれでも死なず殴り殺された（黄金伝説）と言われる。聖ヤコブ大聖堂には、大ヤコブの頭蓋骨と、小ヤコブの身体全体の遺骨が埋葬されている。なお大ヤコブの頭以外の遺骨は、九世紀に遠く離れたスペイン北西部で発見され、そこがサンティアゴ・デ・コンポステラ（星の聖ヤコブという意味）の巡礼地となっている。イベリア半島でも、イスラム教徒と対立しながらキリスト教徒が進出し、その過程で聖地作りがなされるという歴史があったのだ。

ヤッフォ門からシオン門に通じるアルメニア総主教座通りに面した修道院や教会、住居などの大きな複合建築の中、門から少し入っていったところに、聖ヤコブ大聖堂がある。聖ヤコブ大聖堂の場所には、五世紀にエウドキアの友人のバッサという貴婦人によって、聖メナスの記念堂が建てられていた。一一世紀にジョージア人たちがその場所に教会を建てようとしたが、資金難に陥った。作りかけの建物をアルメニア人たちが買い取って一二世紀中頃に完成させたのが、現在の教会であると考えられている。アルメニア王家の血を引くエルサレム女王メリザンドの後援があったという

聖ヤコブ大聖堂

説もある。教会の中央部は高いドームになっており、たくさんのランプがつり下げられている。教会内では電灯は使われておらず、自然光とランプの光だけで照らされている。聖メナスの墓もこの中に再建されている。内部の壁の下部などは、青と白を基調としたタイルで装飾されている。これは一八世紀に聖墳墓教会を装飾するためにトルコのキュタヒヤで作られたものであるが、聖墳墓教会で使うことに異論が出たため、この教会で使われたものである。一般の人は、典礼の時間の短い間だけこの教会に入ることが許され、聖職者による朗々とした詠唱を聞くことができる。

フルバ・シナゴーグ

古代にカナンの地を追われたユダヤ人がヨーロッパや西アジアに離散したディアスポラの歴史については、第一章でも述べた。彼らは広く散らばったが、ドイツやポーランド、ベラルーシなど北方に定住したユダヤ人はアシュケナジム、スペインなど南欧から北アフリカや西アジアに住んだユダヤ人はセファルディムと呼ばれ、このふたつが主要なユダヤ人勢力とされている。

近代のシオニズム以前にも、離散ユダヤ人の集団が故国への移住を目指すことがあった。ラビだったユダ・ヘハシド（敬虔《けいけん》なユダという意味）は、一七世紀後半にポーランドのシェドルツェに生まれた。彼は一六九七年に、三〇家族あまりのユダヤ人たちを引き連れて故国を離れ、エルサレムを目指した。各地のユダヤ人コミュニティを転々としながらの旅だったが、その間にもユダに追随する人々が増えていった。一行は、最大のときには千人を超えるほどだったが、そのうち三分の一もの人たちがつらい長旅のために健康を害して、途中で命を落としたと言われる。それでも多くの人々があきらめずユダに従ったのは、ユダヤ人たちがモーセに率いられてエジプトから故国に帰り、またバビロン捕囚のときにもエルサレムに戻って神殿や町を建て直したという祖型が聖書に書かれているためだろう。

一七〇〇年、ユダら数百人のユダヤ人たちは、オスマン帝国支配下のエルサレムに到着した。当時のエルサレムに住んでいたユダヤ人は千人あまりにすぎず、彼らには新来の旅人たちを迎え入れる余裕がなかった。ユダらは、旅にかかる費用をまかなったりオスマン帝国に入国したりするため、それまでに借金を重ねていた。さらに悪いことに、エルサレム到着からわずか数日後に指導者ユダが病没した。

ユダと一緒に来たユダヤ人たちの中には、他の町へ去っていった人もいたが、エルサレムでアシュケナジムの地区に住んだ人たちもいた。彼らは以前から住んでいたユダヤ人たちとともに、自分たちの信仰生活の中心となるシナゴーグを建てようとした。その場所は、シオン門から北東へ二〇〇メートルほどのところで、もとはそこに一五世紀にシナゴーグが建てられていた。その隣には、一四世紀のシドナ・オマル・モスクがあった。このモスクは、イスラム教に改宗したユダヤ人が建てたもので、一五世紀のシナゴーグはモスクの所有物になったという理由で閉鎖されたと言われている。

シナゴーグの新築費用を捻出《ねんしゅつ》するため、ユダヤ人たちは地元のイスラム教徒からさらに金を借りたが、それがかさみ、彼らは深刻な借金苦に陥ることになった。ヨーロッパに住むユダヤ人たちからの援助を期待したが思うように金は集まらず、借金を返せる見込みはなくなった。債権者たちの怒りは爆発し、建設してまもないシナゴーグは一七二〇年に打ち壊され、放火された。その後、そこは瓦礫の山になり、「ユダ・ヘハシドの廃墟（ヘブライ語でフルバ）」と呼ばれた。ユダヤ人の有力者は拘束され、ユダ・ヘハシドの同行者だけでなく、アシュケナジム全員がエルサレム旧市街から追放の憂き目にあった。廃墟はそのまま放置された。

一九世紀はじめには、ディアスポラのユダヤ人たちの望郷の願いがさらに高まった。リトアニアにいたペルシムという一派の数百人のユダヤ人が、三つのグループに分かれて故郷を目指した。ところが、一八一五年に彼らがエルサレムに着いたとき、アシュケナジムのエルサレムへの立ち入りを禁止した一〇〇年近く前の命令がまだ有効とされていた。セファルディムの服装をしてエルサレムに入ったユダヤ人もいたが、多くの人たちはガリラヤ湖の北にあるツファットという地方都市へ行って住んだ。すでに定住していたセファルディムとの軋轢もあったが、それも次第に解消され、一時期はそこで農業を主体としたユダヤ人コミュニティが繁栄した。ところが、一八一二年にはペストが流行した上、さらに一八三七年にはガリラヤ地震（またはツファット地震）と呼ばれる大地震がその地域を襲った。正確かどうかはわからないが、当時の新聞はこの地震の犠牲者を三〇〇〇人と伝えている。生き残ったペルシムのユダヤ人たちは、疫病や地震という災厄を受けるのは自分たちがエルサレム入りをあきらめたこととの結果であると考え、改めてエルサレムを目指した。

その一方で、エルサレムでのアシュケナジムの状況を改善しようと努力していた人たちもいた。ラビだったアブラハム・シュロモ・ザルマン・ゾレフはオスマン帝国の首都だったコンスタンティノポリスへ行って有力者に働きかけ、一八一九年にはユダ・ヘハシドらによる借金を、一〇〇年たったからということで帳消しにしてもらうことに成功した。これにより、アシュケナジムがエルサレムに入ることが可能になった。一八三〇年頃にはオスマン帝国のエジプト総督だったムハンマド・アリがエルサレムを支配していたため、ユダヤ人たちはエジプトのアレクサンドリアにも陳情に行った。ユダヤ人たちはシナゴーグの建築許可を得ようとしたが、六三八年にエルサレムがアラブに対して開城したときのウマル憲章が非イスラム教徒による礼拝所の建設を厳しく制限していたので、それを盾に取ったエジプト側との交渉は難航した。だがそのときには、ヨーロッパの大貴族となっていたロスチャイルド家の影響力や財力が、ユダヤ人たちに有利に働いた。オーストリアやロシアの外交官の支援も得て、ゾレフはシナゴーグ再建の許可を獲得した。その後も、一〇〇年前のアシュケナジムによる借金の返済義務があるかどうかという裁判や、元債権者からの妨害活動は続いたが、一八三七年に小規模なメナヘム・シオン・シナゴーグが建てられた。しかし、一八五一年にゾレフは襲撃を受け、剣による傷が悪化して亡くなった。

一八五〇年代以後、イギリスはオスマン帝国を牽制《けんせい》する政策のひとつとして、エルサレムに住むユダヤ人への支援を強めようとした。アシュケナジムだけでなく、第二章の嘆きの壁のところで紹介したモーゼス・モンテフィオーレなど、セファルディムを含む有力な在外ユダヤ人も寄付をして、ユダ・ヘハシドが建てたシナゴーグの再建工事が一八五五年に始まり、一八六四年に完成した。二四メートルの高さの大きなドームを持つ建物で、設計者はオスマン帝国のスルタン付きの建築家、アサド・エフェンディであった。「ネオ・ビザンティン式」と呼ばれることもあるが、ビザンティン建築からオスマン建築が発展しているので、外見や構造はオスマン時代のモスク建築とそう変わらない。正式名称は、後援者であったロスチャイルド男爵のジェームズ（ヘブライ語でヤコブ）という名をもらって「ヤコブの家」と名づけられたが、一般にはフルバ・シナゴーグ（フルバは「廃墟」の意）と呼ばれた。一九世紀後半からは、フルバ・シナゴーグはパレスチナ地方でもっとも重要なシナゴーグとなった。在外のユダヤ人たちから祭具や調度品が奉納され、宗教学校も併設された。

一九四八年、第一次中東戦争が勃発したとき、エルサレム旧市街の中でも激しい戦闘が繰り広げられた。ユダヤ人勢力はフルバ・シナゴーグを守ろうとし、逆にヨルダン軍はそこを攻撃した。結局ユダヤ人民兵らは旧市街から撤退を余儀なくされ、フルバ・シナゴーグには爆薬が仕掛けられて爆破され、またも瓦礫の山と帰した。

広場から見たフルバ・シナゴーグ。広場にはメノーラー（七枝の燭台）がある。左奥の塔はシドナ・オマル・モスクのミナレット

一九六七年の第三次中東戦争で、イスラエル軍はエルサレム旧市街を奪取した。この後、ユダヤ側はフルバ・シナゴーグを再建しようとした。しかしその計画については議論が分かれた。一九世紀の形を踏襲して再建するか、まったく新しい現代建築として建てるかについて、意見がまとまらなかったのである。委嘱を受けたユダヤ系アメリカ人の有名な建築家ルイス・カーンが提案した計画は、斬新なデザインで、岩のドームや聖墳墓教会をしのぐような大建築だった。しかしそれには反対論が強く、結局実現はしなかった。一九七七年には、計画はしばらく棚上げのまま、シナゴーグの場所にシンプルな石のアーチだけが記念碑として建設された。

二一世紀になると、一九世紀のフルバ・シナゴーグを、図面や写真にもとづき、そのままの形で再建したいという要望が強くなった。イスラエル政府の財政支出に加えて、ウクライナのユダヤ人コミュニティ出身の実業家で政治家でもあったヴァディム・ラビノヴィッチが多大の資金を提供した。ちなみにラビノヴィッチは、その後ウクライナ戦争に関連してゼレンスキー大統領を批判し、二〇二二年にウクライナの国籍と人民代議員の職を剝奪《はくだつ》されている。

新しいフルバ・シナゴーグの建設は二〇〇八年に始まり、二〇一〇年に完成した。前に述べた、古代のカルドの発掘場所からすぐ近くのところにある。内外ともに白を基調とした、格調高い建物である。ドームの基部では、外側を一周しているバルコニーに出て、周囲の旧市街を見渡すことができる。シナゴーグの東側には広場があり、そこからは建物全体の印象的な姿が見られる。この付近にはユダヤ教の教育施設や文化施設が数多く建てられている。何度廃墟になっても不死鳥のようによみがえるフルバ・シナゴーグの再建は、ユダヤ人にとっては大きな喜びであった。一方、その隣にあるシドナ・オマル・モスクは第三次中東戦争で損傷を受け閉鎖されているが、二〇一九年からヨルダンがミナレットの修復を進めている。

あとがき

西洋中世美術史の研究者として、筆者はエルサレムに対して格別のあこがれを抱いてきた。本書はそうした長年の思慕から生まれたものである。一見エルサレム礼賛の本にはなっていないかもしれないが、最初にも述べたように、エルサレムの聖跡はフェイクであるなどと批判めいたことを言うのが本書の目的ではない。伝承や文献史料や史跡が、どのような背景のもとに生まれ、どのようなディテールをつけ加えながら現代まで受け継がれてきたかというプロセス全体をとらえることが、歴史をよりおもしろく、より深く理解する方法だというのが筆者の考えである。

現地で本書の構想を得たのは、かなり前のことである。そして、以前お世話になった中央公論新社の高橋真理子さんにご相談して中公新書編集部の楊木文祥さんを紹介していただき、四年前から企画を進めていた。ところが二〇二〇年のはじめには世界に新型コロナウイルスが広がり、筆者が再びエルサレムに行こうとしていた二週間前にイスラエルは入国禁止になった。またその春から大学を定年退職するまでの最後の二年間を、慣れないオンライン授業の対応に忙殺された。不運を嘆いたが、これは世界中の人に降りかかった災厄だったので仕方がない。

しかし現代は情報化の時代で、コロナ禍の間もイスラエルのニュースにはインターネットなどで間断なく触れることができた。コロナが猛烈な勢いで流行しはじめた頃、エルサレムのダビデの町遺跡の事務所に、手のひら大の丸い石が送られてきた。それは二〇〇〇年前の投石機の玉で、添えられていた手紙によるとある人が一五年前に発掘現場を訪れたときに出来心でこっそり持ち帰り、結婚し家庭を持ってからもずっと隠し持っていたが、コロナの感染拡大を見て最後の審判のときが近づいたと感じ、罪の意識に耐えかねて送り返してきたのだった。悔い改めよと呼ばわる預言者の言葉が、この人にも届いたのであろう。一方、イスラエルはワクチン接種を世界にさきがけて推進した国としても注目を集めるようになり、この国のさまざまな側面を見る思いであった。

二〇二二年になると日本でもイスラエルでも入国制限が少し緩和されたので、早速エルサレムへおもむき、気になっていたところを調べ直して、なんとか脱稿にこぎつけた。本書を「イスタンブールの大聖堂」（二〇〇三年）、「ヨーロッパの中世美術」（二〇〇九年、いずれも現在は電子版で刊行中）に次ぐ中公新書の三冊目として出版することができるのは、少年時代からの読書好きでとりわけ新書好きだった筆者にとって大きな幸せである。しかし、もとより浅学非才の身にとって本書のテーマは重すぎるものであった。力不足だったところについては読者諸賢のご叱正を待ちたい。

本書の刊行は大変遅れてしまったが、楊木さんをはじめ、忍耐強く待ってくださった中央公論新社の方々にお礼を申し上げる。そして最後になるが、筆者の大学入学以来、五〇年近くにわたり導きの星である恩師辻成史先生（大阪大学名誉教授）に、卒寿のささやかなお祝いと感謝のしるしとして本書を献呈したい。

二〇二三年二月

浅野和生

エルサレム略年表

伝説	アブラハムがカナンに住む
伝説	エジプトに移住したユダヤ人をモーセがカナンに連れ帰る
紀元前一一世紀頃	ユダヤ人の国家イスラエル王国が成立
前一〇〇〇年頃	ダビデがイスラエル国王になりエルサレムを都にする。ダビデの息子ソロモンがエルサレムに神殿を建てる
前九三〇年頃	王国が南北に分裂。エルサレムは南のユダ王国の都として存続
前五九七年	バビロニアがエルサレムを支配し、ユダヤ人をバビロンに移住させる（バビロン捕囚）
前五八八年頃	第二次バビロン捕囚
前五三八年	バビロニアがペルシアに滅ぼされる。ユダヤ人たちがエルサレムに戻る
前五一五年	エルサレム神殿を再建
前三三二年	アレクサンドロス大王が支配。その後、セレウコス朝シリアがエルサレムを支配

前一四二年頃	マカバイ戦争でユダヤが独立、ハスモン朝が成立
前六三年	ローマに従属しながら独立を保つ
前一九年頃	ヘロデ王によりエルサレム神殿が改築
前四年	ヘロデが没する
前四年頃〜後三〇年頃	イエスが生きたとされる
後六年	エルサレムはローマ帝国に直接統治される
六六年	ユダヤ戦争が勃発
七〇年	エルサレムが陥落
一三〇年頃	ハドリアヌス帝がエルサレムをアエリア・カピトリナと改名し再建に乗り出す
一三二年	バル・コクバの乱勃発
一三五年	バル・コクバの乱鎮圧。ローマ帝国がエルサレムを支配
三一三年	コンスタンティヌス帝がミラノ勅令を発布
三二六年	コンスタンティヌス帝の母ヘレナがエルサレムに来る。名称がエルサレムに戻される

三九五年	ローマ帝国が東西に分割統治される。以後東ローマ（ビザンティン）帝国がエルサレムを支配
四四三年	皇后エウドキアがエルサレムに住む
六一四年	ペルシアがエルサレムを支配
六二九年	ビザンティン帝国がエルサレムを支配
六三八年	イスラム教アラブ帝国がエルサレムを支配
一〇九九年	十字軍がエルサレムを支配。エルサレム王国成立
一一八七年	アイユーブ朝のサラディンがエルサレムを支配
一五一六年	オスマン帝国がエルサレムを支配
一九一七年	イギリスがエルサレムを占領。一九二二年から委任統治
一九四八年	イスラエル共和国が成立。第一次中東戦争勃発。ヨルダンがエルサレム旧市街を支配
一九六七年	第三次中東戦争。イスラエルがエルサレム旧市街を実効支配
一九九四年	パレスチナ自治政府が発足

写真：筆者撮影（ただし八七頁上はパブリックドメイン）
地図・図面：筆者原案、地図屋もりそん作成
ＤＴＰ：市川真樹子

浅野和生（あさの・かずお）

1956（昭和31）年生まれ．大阪大学大学院博士課程中退．ギリシア国立アテネ工科大学建築学部美術史学科留学（ギリシア政府給費留学生）．愛知教育大学教授を経て，同大学名誉教授．
著書『ビザンティン美術』（分担執筆，小学館，1997年）
『イスタンブールの大聖堂――モザイク画が語るビザンティン帝国』（中公新書，2003年）
『サンタクロースの島――地中海岸ビザンティン遺跡発掘記』（東信堂，2006年）
『ヨーロッパの中世美術――大聖堂から写本まで』（中公新書，2009年）
The Island of St. Nicholas. Excavation and Survey of the Gemiler Island Area, Lycia, Turkey（編著，大阪大学出版会，2010年）
『図説　中世ヨーロッパの美術』（河出書房新社，2018年）
など

エルサレムの歴史《れきし》と文化《ぶんか》
中公新書 *2753*

2023年５月25日発行

著　者　浅野和生
発行者　安部順一

本文印刷　三晃印刷
カバー印刷　大熊整美堂
製　本　小泉製本

発行所　中央公論新社
〒100-8152
東京都千代田区大手町 1-7-1
電話　販売　03-5299-1730
　　　編集　03-5299-1830
URL https://www.chuko.co.jp/

Published by CHUOKORON-SHINSHA, INC.
Printed in Japan　ISBN978-4-12-102753-5 C1222

中公新書

世界史

e1

- 2683 人類の起源　篠田謙一
- 1353 物語 中国の歴史　寺田隆信
- 2392 中国の論理　岡本隆司
- 2728 孫子―「兵法の真髄」を読む　渡邉義浩
- 7 宦《かん》官《がん》(改版)　三田村泰助
- 15 科《か》挙《きょ》　宮崎市定
- 12 史記　貝塚茂樹
- 2099 三国志　渡邉義浩
- 2669 古代中国の24時間　柿沼陽平
- 2303 殷―中国史最古の王朝　落合淳思
- 2396 周―理想化された古代王朝　佐藤信弥
- 2542 漢帝国―400年の興亡　渡邉義浩
- 2667 南北朝時代―五胡十六国から隋の統一まで　会田大輔
- 2742 唐―東ユーラシアの大帝国　森部　豊
- 1812 西《せい》太《たい》后《こう》　加藤　徹

- 2030 上海　榎本泰子
- 1144 台湾　伊藤　潔
- 2581 台湾の歴史と文化　大東和重
- 925 物語 韓国史　金　両基
- 2748 物語 チベットの歴史　石濱裕美子
- 1367 物語 フィリピンの歴史　鈴木静夫
- 1372 物語 ヴェトナムの歴史　小倉貞男
- 2208 物語 シンガポールの歴史　岩崎育夫
- 1913 物語 タイの歴史　柿崎一郎
- 2249 物語 ビルマの歴史　根本　敬
- 1551 海の帝国　白石　隆
- 2518 オスマン帝国　小笠原弘幸
- 2323 文明の誕生　小林登志子
- 2727 古代オリエント全史　小林登志子
- 2523 古代オリエントの神々　小林登志子
- 1818 シュメル―人類最古の文明　小林登志子
- 1977 シュメル神話の世界　岡田明子・小林登志子

- 2613 古代メソポタミア全史　小林登志子
- 2661 アケメネス朝ペルシア―史上初の世界帝国　阿部拓児
- 1594 物語 中東の歴史　牟田口義郎
- 2496 物語 アラビアの歴史　蔀　勇造
- 1931 物語 イスラエルの歴史　高橋正男
- 2067 物語 エルサレムの歴史　笈川博一
- 2205 聖書考古学　長谷川修一
- 2647 高地文明　山本紀夫
- 2253 禁欲のヨーロッパ　佐藤彰一
- 2409 贖罪のヨーロッパ　佐藤彰一
- 2467 剣と清貧のヨーロッパ　佐藤彰一
- 2516 宣教のヨーロッパ　佐藤彰一
- 2567 歴史探究のヨーロッパ　佐藤彰一
- 2753 エルサレムの歴史と文化　浅野和生